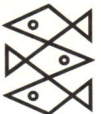

Renata Yesner wächst als älteste Tochter einer wohlhabenden jüdischen Familie in Kaunas (Litauen) auf. Das farbenprächtige und abwechslungsreiche Stadtleben prägt sie genauso wie die ausgedehnten Sommerferien auf der ländlichen Datscha ihres Großvaters. In dieser wohlgeordneten Welt geschehen jedoch plötzlich unfaßbare Dinge: Zunächst annektiert die Sowjetunion Litauen, und wenig später marschieren Hitlers Truppen ein. Renatas Vater wird von den Nationalsozialisten deportiert, und die restliche Familie muß ins Ghetto umziehen. Dort erlebt Renata zum ersten Mal den Hunger und das Sterben. Sie werden zu ständigen Begleitern ihrer Kindertage.

Durch Glück und das Geschick ihrer Mutter entkommt Renata mehreren Selektionen unter Kindern und alten Menschen. Nur indem Renatas Mutter sie für älter ausgibt, als sie ist und Renata mit zur Zwangsarbeit nimmt, kann sie verhindern, von ihrer Tochter getrennt zu werden. Immer wieder schärft sie Renata ein, erwachsen zu wirken, denn sie ahnt früh, daß nur so eine Chance besteht, gemeinsam zu überleben. Auch als die Deutschen das Ghetto auflösen und die Bewohner ins Konzentrationslager Stutthof verbracht werden, gelingt es Renatas Mutter, ihre Tochter als arbeitsfähige Frau auszugeben und sie so erneut vor dem sicheren Tod zu bewahren.

Nach einer kurzen Zeit in Stutthof werden beide in ein Außenlager verlegt, wo sie unter unmenschlichen Bedingungen härteste körperliche Arbeit leisten müssen. Ausgezehrt und völlig entkräftet wird der Hunger zu Renatas einziger Lebenswirklichkeit. Im strengen Winter sterben immer mehr Häftlinge an den Folgen der Kälte und der Unterernährung. Erst im Februar 1945 kommt für Renata und ihre Mutter die Rettung: Gerade noch rechtzeitig befreien Soldaten der Roten Armee die halbverhungerten Frauen.

Renata Yesner wurde wahrscheinlich 1932 in Kaunas (Litauen) geboren. Nach der Befreiung durch die Rote Armee brachte man Renata Yesner und ihre Mutter zur Genesung in einen polnischen Ort. Es dauerte Monate, bis sie wieder reisefähig waren. Schließlich erhielten sie die Ausreisepapiere nach Rhodesien, wohin die Geschwister ihrer Mutter bereits vor dem Krieg emigrieren konnten.

Renata Yesner besuchte dort ab 1947 ein dominikanisches Kloster einer deutschen Ordensgemeinschaft, um ihre bruchstückhafte Schulausbildung nachzuholen, und anschließend 1951 für ein Jahr ein College in Johannesburg. 1960 wurde Renata Yesner, inzwischen verheiratet und Mutter von drei Kindern, Lehrerin in dem Kloster, das sie selbst als Schülerin besucht hatte. Nebenher engagierte sie sich vor allem in der Kinderfürsorge und setzte sich für das Frauenwahlrecht ein. Durch einen Autounfall ihres Sohnes wurde die Familie zur Umsiedlung nach England gezwungen. Nachdem ihre Mutter 1972 den Druck der Vergangenheit nicht mehr aushielt und ihr Schweigen brach, begann auch Renata Yesner sich zu erinnern.

Heute lebt Renata Yesner in Australien.

Lebensbilder

Jüdische Erinnerungen und Zeugnisse

Herausgegeben von
Wolfgang Benz

Renata Yesner

Jeder Tag war Jom Kippur

Eine Kindheit im Ghetto
und KZ

Aus dem Englischen übersetzt
und mit einem Nachwort versehen
von Mona Körte

Fischer Taschenbuch Verlag

Die Zeit des Nationalsozialismus
Eine Buchreihe
Herausgegeben von Walter H. Pehle

Originalausgabe
Veröffentlicht im Fischer Taschenbuch Verlag GmbH,
Frankfurt am Main, Juli 1995

© 1995 Fischer Taschenbuch Verlag GmbH, Frankfurt am Main
Alle Rechte vorbehalten
Redaktion: Tino Heeg
Gesamtherstellung: Clausen & Bosse, Leck
Printed in Germany
ISBN 3-596-12770-X

Gedruckt auf chlor- und säurefreiem Papier

Inhalt

Meiner Mutter Rachel.
Ihrem Mut danke ich mein Leben.

Laisves Alleya –
Straße der Freiheit

Wir lebten in einer großen Wohnung, von der man auf einen gepfla-
sterten Innenhof sehen konnte, den sich die Anwohner der zwei-
und dreistöckigen Häuserreihen teilten. Die Gebäude zeigten die
Architektur unterschiedlicher Epochen, und das am reichsten ver-
zierte stand am Ende des Hofes; es war versehen mit einem großen
steinernen Torbogen, durch den man auf die Straße gelangte. Dort,
wo unser Gebäude plötzlich endete, stand eine große Mauer. In früheren Zeiten war der Bereich als Marstall für Kutschen und Tiere
genutzt worden, heute befand sich dort ein ordentlich gepflegter
Garten, in dem spanische Fliederbäume blühten und der mit farben-
prächtigen, den Jahreszeiten entsprechenden Blumen bepflanzt
war. Von unseren Küchenfenstern aus konnten wir auf den Hof sehen und durch den Torbogen hindurch das lebendige Treiben auf
der Straße beobachten.
Wandte man sich auf dieser Straße nach rechts, ging man an einer
Reihe ähnlicher Häuser entlang, kam an Straßenläden vorbei, in deren Auslagen sich Zeitungen und andere alltägliche Notwendigkei-
ten befanden, und konnte sich an der lebendigen Vielfalt von Laisves
Alleya, der Hauptstraße von Kaunas, erfreuen. Kaunas galt als die
zweitwichtigste, vielleicht sogar wichtigste Stadt Litauens. Auf den
Gehsteigen wimmelte es von Menschen, die es eilig hatten oder die
gemächlich bummelten und sich durch die verlockenden Schaufen-
sterauslagen verführen ließen.
Diese große und zentrale Straße, auf der sich Pferde und Karren,
Kutschen, Busse und gelegentlich Automobile, die gemächlich die
Fahrbahn wechselten, voranschoben, besaß einen breiten Grün-
streifen mit hohen Bäumen und Straßenlaternen in ihrer Mitte. Hier
und da nahmen Spaziergänger, unter den Bäumen ausgestreckt, ihr
Mittagessen ein oder ruhten nach einem anstrengenden Tag ihre
müden Beine aus.

Die Menschen spazierten auf dieser Allee mit viel Muße. Großmütter schoben Kinderwagen, führten kleine Kinder und Hunde spazieren. Eine Dame ließ sich von ihrem, mit Bändern geschmückten, elegant gestutzten Spitz ziehen, der einen großen Bogen beschrieb, um einem schön frisierten Pudel die Zunge herauszustrecken. Ältere Menschen saßen auf Bänken und ließen das Leben an sich vorüberziehen; Söhne und Töchter aus gutem Hause spielten aufgeputzt und glücklich unter den wachsamen Augen ihrer Mütter. Der tägliche Spaziergang bot genug Gelegenheiten, die neueste Mode vorzuführen, die, zuerst beargwöhnt, ganz allmählich von der Allgemeinheit aufgenommen und nachgeahmt wurde.

Neben den häufig verkehrenden Bussen und den eher seltenen motorisierten Fahrzeugen (die mit großem Staunen zur Kenntnis genommen wurden), bestand der Verkehr hauptsächlich aus bunt verzierten und in ihrer Pracht miteinander wetteifernden Kutschen und Pferden, letztere teils mit Federbüschen, teils mit in Schwanz und Mähne geflochtenen Schleifen geschmückt. Die offenen Kutschen, die sie zogen, waren bei Regen oder Schnee von einem Verdeck geschützt; auf dem Kutschbock saß, die Zügel in den Händen und mit einem schwarzen Hut auf dem Kopf, der stolze Kutscher – der Taxifahrer der Vergangenheit. Da die Spur neben dem Gehweg den Bussen vorbehalten war, durften die Kutschen nur die innere Spur der Straße benutzen, auf der sie kurz anhielten, um Fahrgäste abzusetzen oder aufzunehmen.

Mein Vater, Sioma Geiman, arbeitete als Anwalt in einer untergeordneten Position bei einem renommierten Notar. Sobald er jedoch nach Hause kam und sich seiner Berufskleidung entledigt hatte, war er in seinem Element und widmete all seine Zeit seiner Familie. Ich bewunderte ihn sehr. Seine unauffälligen, hellbraunen Haare verschmolzen beinahe mit seinen Sommersprossen, die im Sommer besonders deutlich hervorkamen. Buschige Augenbrauen, die aussahen wie die gestreckten Flügel eines Adlers, umrahmten seine sanften, haselnußbraunen Augen, die liebevoll über einer breiten Nase und einem großzügigen, vollen Mund hervorlugten.

Abends las mir mein Vater manchmal vor dem Schlafengehen aus Grimms Märchen und anderen unheimlichen Geschichten vor oder spielte auf der Balalaika und sang russische Wiegenlieder dazu.

Eines dieser Lieder von Lermontow hatte für mich einen beinahe furchterregenden Charakter; der Text begann mit »Schlaf, mein liebster Junge«, doch der liebe Junge endete als Kosake, als Pirat des Flusses Don, der sich, nach Art von Robin Hood, gegen die Mächtigen zur Wehr setzte. Der eigentümliche Tonfall dieses Liedes sowie die sanfte, tiefe Stimme meines Vaters lösten bei mir einen angenehmen Schauer aus und lullten mich so in den Schlaf.

Das Schaufensterbummeln mit meinem Vater war ein ganz besonderes Ereignis. Im Winter waren die Auslagen bereits am frühen Nachmittag erleuchtet, und durch die Fenster die dahinterliegenden Wunder zu betrachten, war mein schönster Zeitvertreib. Ich liebte es, die eleganten Schaufensterpuppen mit ihren wohlgekleideten kleinen Mädchen und Jungen zu bewundern, die so echt aussahen, als seien sie im Begriff, aus der Auslage zu steigen. Obwohl ich immer modisch gekleidet war, sehnte ich mich nach dem Stil dieser unbeweglichen Kinder, die Matrosenanzüge und wollene Mäntel mit schönen kleinen Pelzkragen trugen.

Süßigkeiten und Pralinen, bestechend im Glanz ihrer verschiedenen Verpackungen, ließen mir das Wasser im Mund zusammenlaufen. Im Dezember saß der Nikolaus in einem Fenster (Vater sagte, es sei nur ein Automat, aber ich glaubte ihm nicht, da er beängstigend echt aussah) und holte in regelmäßigen Abständen eine Schachtel Pralinen aus einem Sack voller Süßigkeiten. »Papa, warum nimmt er immer die gleiche Schachtel aus dem Sack?«

»Siehst du nicht die Schnur, die an seiner Hand befestigt ist? Er ist so programmiert«, erklärte Vater geduldig, jedesmal wenn ich ihn fragte.

Was mich noch mehr faszinierte, waren die Zuckerhäuschen, die mich an Hänsel und Gretel erinnerten. Ganze Städte, gebaut aus Ingwerbrot, Marzipan und Eiskonfekt, und die Häuser hatten Schornsteine aus Schokolade und anderen Süßigkeiten, die ich gerne abgebrochen hätte, um die verschiedenen Geschmäcker zu probieren. Es gab dort wunderschöne, aus Papier gemachte Blumen, Körbe, Engel und Weihnachtsmänner – und alle verführerisch in den Schaufenstern ausgestellt. Sie hatten eine klebende Rückseite wie Briefmarken, und die Kinder benutzten sie, um ihre Schulbücher zu verzieren.

In einem anderen Fenster sah man lange Reihen von Puppen mit Windeln und Schnullern, aber auch sonst alle Arten von Puppen, verschieden gekleidet, mit schwarzen, blonden oder roten, lockigen oder glatten Haaren. Einige hatten wunderschöne lange Wimpern und Augen, die sich schlossen, wenn man sie hinlegte. »Papa, glaubst du nicht, daß ich jetzt groß genug bin für eine Puppe, die ihre Augen schließen kann?« Voriges Jahr hatte ich eine solche Puppe bekommen, hatte ihr jedoch die Augen ausgestochen und sollte zur Strafe nur noch Puppen mit aufgemalten Augen bekommen, bis ich älter und verantwortungsvoller wäre. »Ich wollte doch nur sehen, wodurch sich die Augen schließen«, hatte ich zu meiner Entschuldigung vorgebracht, aber die blinde Marlena lag nun unbeachtet und ungeliebt zuunterst in meiner Spielkiste.

Eines Tages nahm er mich wirklich mit zum Einkaufen, denn er benötigte Blumen für Mutters Geburtstag. Das Geschäft wirkte wie ein Garten voller Blumentöpfe, die mit farblich jeweils passendem Kreppapier verziert waren. Es gab dort so viele Blumen, daß ich mich nur schwer entscheiden konnte. Die langstieligen Blumen wirkten erhaben und traurig. Die kurzgewachsenen Blumen zwinkerten einladend mit den kleinen Wimpern, aber am meisten beeindruckten mich die länglichen, gesprenkelten Blumen, ähnlich dikken Nadelkissen, die so aussahen, als ob sie bei dem kleinsten Pikser wie Luftballons zerplatzen würden.

Wenn mein Vater zu Hause war, gingen wir an Winternachmittagen in den Park, um Schlitten zu fahren oder Schneemänner zu bauen. Einmal nahm er mich mit auf eine Schlittschuhbahn. Er glitt über das Eis und schob mich wie ein Baby in einem großen Schlittenstuhl vor sich her. Um uns herum gab es verschiedene Ausführungen dieser Schlittenstühle, an die sich die Kinder klammerten, die das Schlittschuhlaufen lernten. »Nächstes Jahr werde ich dir Schlittschuhe kaufen und es dir beibringen«, versprach er mir.

Vater hatte große Geduld und beantwortete alle meine Fragen. Er erklärte, warum etwas so und nicht anders geschah und nannte mir Gründe für Verbote und Tabus. Er war mein bester und liebster Lehrer und ich seine wißbegierige Schülerin. Meine Mutter war anders. Morgens, wenn es noch dunkel war, zog mich das Kindermädchen für den Kindergarten an. Ich bewunderte und liebte meine

Mutter, obwohl ihre Anmut und Eleganz mir oft das Gefühl gaben, ein kümmerlicher kleiner Vogel zu sein, auf den sie sich stürzen konnte. Sobald sie ärgerlich war, legte sich ihre Stirn bedrohlich in Falten.

Rachel Geiman war schön. Sie hatte weiße Haut und pechschwarze Haare, ihre Locken betonten eine große und intelligente Stirn. Strenge Augenbrauen, die gefährlich nahe aneinanderrückten, wenn sie wütend war, wurden geschieden durch eine schmale, gebogene Nase, die sich in den feingezeichneten Nasenflügeln verlor. Hohe Wangenknochen liefen auf ein markantes Kinn zu. Ihr Mund war energisch, und wenn sie lachte, was zu selten geschah, leuchtete ihr ganzes Gesicht. Ihr hervorstechendstes Merkmal waren die großen, katzenhaften, schrägstehenden und blaß-grünen Augen, denen nichts entging. Ein Puma, den ich später einmal im Zoo sah, erinnerte mich an meine Mutter.

Mutter verkörperte für mich Anstand, Benehmen, Gerechtigkeit und Leistungsfähigkeit. Sie war anmutig und hatte einen erlesenen Geschmack. Ihr Auftreten forderte entschieden Respekt und Gehorsam, ihre Gefühlsäußerungen waren nie spontan, und ein Kuß war eine langersehnte und von mir sehr geschätzte Belohnung. Ich jammerte, wenn sie beim Bürsten zu fest an meinem Haar zog, um es mit großen Schleifen über meinem Kopf zusammenzubinden. Sie war nicht wie Ella, mein Kindermädchen, das uns kürzlich verlassen hatte. Ich mochte die liebenswürdige Ella und wünschte sie mir zurück.

»Dein Vater wird dich heute in den Kindergarten bringen, deshalb mußt du dich beim Frühstücken beeilen. Morgen wird ein nettes junges Mädchen namens Onute zu uns kommen, und du wirst dann nicht mehr so früh aufstehen müssen.«

Meine Mutter war eine erfolgreiche Geschäftsfrau, was zu dieser Zeit sehr ungewöhnlich war; sie hatte einen großen Kundenkreis, bestehend aus Theaterleuten, in erster Linie aus Sängern des Opernhauses in Kaunas. Sie war eine namhafte und versierte Corsetière, die Miederwaren entwarf, zuschnitt und sie den Kundinnen anpaßte. Selbstverständlich nähte sie nicht selbst; für die niedrigen Arbeiten beschäftigte sie Näherinnen, während sie selbst die temperamentvollen Operndiven umsorgte und verhätschelte. Die dafür geeigneten Zimmer waren von unseren Wohnräumen getrennt. In einem der Räume arbeitete Mutter, entwarf die Muster und nahm die Maße der Kundinnen, die ihre bevorzugten Gewebe anhand großer Stoffballen aus Seide, pfirsichfarbenem Satin und feiner Spitze auswählten. In dem anderen Raum arbeitete sich eine sehr versierte Näherin die Finger wund, immer mit großer Sorgfalt darauf bedacht, die Markierungen der Abnäher, die die Mutter in die zugeschnittene Unterwäsche gefügt hatte, einzuhalten, denn diese Nähte würden den großen Busen der drallen Sopranistinnen halten.

Mutter war immer beschäftigt, so daß wir stets ein Kindermädchen benötigten, das nach mir sah. Heute würden wir solche Mädchen Au-pair-Mädchen nennen. Im überwiegend ländlichen Litauen konnte ein Bauernmädchen, das in der Stadt leben wollte, um eine bessere Ausbildung zu bekommen, bei einer gutsituierten Familie unterkommen, die dann anstelle der leiblichen Familie trat. Ihre Gegenleistung bestand darin, Fürsorge für die Kinder des Hauses zu tragen. Soweit ich mich erinnern kann, teilte immer eine junge Frau das Zimmer mit mir.

Die Kindheitserinnerungen an meine Mutter handeln vom täglichen, sorgfältigen Ankleiden, um mit ihr eines der Kaffeehäuser rund um die feinste Straße von Kaunas aufzusuchen, wo wir Mutters Freunde und deren Kinder trafen. Ich haßte es, vor den Erwachsenen meinen Knicks zu machen, und es war eine schwere Prüfung für ein zappeliges Mädchen, wie ich es war, stillzusitzen, während Mutter und ihre Freunde zu den Klängen der venezianischen Walzer eines Kammerorchesters endlos schwatzten. Die einzige Entschädigung erfolgte in Form eines leckeren, cremigen Rosinenbrötchens, das, obwohl es vorsichtig und damenhaft gegessen werden mußte, nichts von seiner Anziehungskraft verlor. Viel lieber hätte ich es allerdings hinuntergeschlungen.

Die Besuche bei der Schneiderin waren weitere Anlässe, die ich fürchtete, obwohl ich den Weg zu ihrem Haus liebte, den wir mit der Seilbahn zurücklegten. Den Hang hinaufzugleiten, sich dabei wie ein freifliegender Vogel zu fühlen und zu beobachten, wie die Stadt um so kleiner wurde, je höher wir kamen – das war viel schöner als eine Fahrt im Karussell. Ich hoffte, daß wir unser Ziel nie erreichen würden, denn ich haßte die Prozedur des Stillhaltens vor dem

Spiegel, während Mutter und die Schneiderin darüber berieten, in welchen Teil meines Körpers sie mir als nächstes Nadeln stechen würden. An den Vorhängen der Schneiderin hing ein großer »Schmetterling«, dem sie die gefürchteten Stecknadeln entnahm. Ich glaubte fest, daß es sich bei dem Nadelkissen um einen echten Schmetterling handelte, der von der schrecklichen Schneiderin gequält würde. Ich versuchte, ganz still zu stehen, um nicht gestochen zu werden. Ich konnte nie begreifen, wie diese häßlichen Lumpen, die sie bei der Anprobe an mir befestigte, einmal schöne, leichte Kleider oder warme Wintermäntel werden sollten, in denen ich später mit meinem Vater auf der Laisves Alleya herumstolzieren würde.

Freitagabends liebte ich meine Mutter am meisten. Dann gab es immer ein speziell zubereitetes Abendessen, entweder zu Hause oder bei den Großeltern, bei dem ich anwesend sein durfte – das war etwas Besonderes, da ich sonst früher aß und zu Bett gebracht wurde, bevor meine Eltern zu Tisch gingen. Mutter und Großmutter zündeten die Kerzen an, bedeckten ihre Köpfe mit Tüchern oder Schals und sprachen ein Gebet, das ich nicht verstand, aber Mutters Gesicht – beschienen von dem weichen Licht der Kerzen – war dabei ruhig und schön. Mutter und Großmutter weihten mich in die Bedeutung des Rituals ein und sagten mir: »Wir entzünden die Kerzen, um den Tag, an dem Gott ruhte, willkommen zu heißen. Wenn du größer bist, werden wir dir beibringen, das Gebet zu sprechen und die Kerzen anzuzünden.«

Meine Großmutter, Queenie Eronovski, war eine strenge Frau und wirkte nicht so feinfühlig wie ihr Mann Moses. Sie nahm kein Blatt vor den Mund und war intolerant. Mich nahm sie davon aus, obwohl sie auch bei mir nie für einen Spaß zu haben war. Sie hatte ihr Leben lang hart gearbeitet und fünf Kinder großgezogen, von denen ihr schließlich nur noch Rachel zur Seite stand; alle anderen waren im Laufe der Zeit nach Afrika ausgewandert. Zuerst hatte ihr ältester Sohn Aron – er war damals noch nicht einmal erwachsen – die Stadt verlassen. Er heiratete in Afrika und baute sich eine vielversprechende Existenz auf, so daß die anderen ihm folgten. Nun, da Großmutter an ihrem Lebensabend angekommen war, wollten ihre Kinder sie zu sich holen. Es wurden Pläne geschmiedet, um uns allen die Auswanderung zu ermöglichen. In der Zwischenzeit mußte sich

Großmutter jedoch mit den Schnappschüssen der Enkelkinder aus Südafrika begnügen; sie tröstete sich, indem sie mit den Photos sprach. Wenn ich sie besuchte, nahm sie mich manchmal auf den Schoß, holte die Photos heraus und begann zu erzählen: »Das ist deine Cousine Bella. Sie ist fünfzehn. Die hier ist Doreen, sie ist zwölf, und das, das ist die kleine Lucy, die genauso alt ist wie du. Komm, gib ihr einen Kuß. Das ist Michael, er ist noch ein Baby, und das ist Norman, Tante Edas kleiner Junge.« Diese Bilder langweilten, und endlich stand Großmutter auf, um aus einem Schrank meine Belohnung, die »Mickey-Mouse-Süßigkeit«, hervorzuholen. Ich nannte sie so, da die gelbe Verpackung ein Bild der berühmten Comic-Figur enthielt. Die Verpackung enthielt einen Schokoladenriegel, gefüllt mit köstlichem Karamel und ganzen Haselnüssen. Er war so köstlich, daß mir beim Gedanken daran das Wasser im Mund zusammenlief, und ich ertrug eine gewisse Anzahl von »Photo-Küssen«, um mich in den Besitz dieser Süßigkeit zu bringen. Großmutter wußte instinktiv, wann es an der Zeit war, die Alben wegzulegen und »Mickey Mouse zu holen«.

Großmutter war eine kleine Frau mit einem von grauen Strähnen durchzogenen, festen Haarknoten im Nacken. Ihre tiefliegenden, dunklen Augen waren von Tränensäcken begrenzt und verrieten ein hartes Leben, aber ihr Blick war weise und schien alle Geheimnisse der Welt zu kennen. Ihr Kinn war wie das meiner Mutter markant, aber ihre einst schöne Haut durchzogen nun viele Falten. Sie liebte mich sehr, denn ich war das einzige Enkelkind, das in ihrer Nähe war und auf das sie deshalb all ihre Gefühle richtete. Sie war eine exzellente Köchin und brüstete sich vor allem bei Festlichkeiten mit ihrem Können.

Das Fest, das ich am meisten liebte, war das Passah-Fest mit den vielen fremden Leuten an unserem Tisch. Der Großvater brachte sie aus der Synagoge mit. »Wir laden jeden ein, der kein Zuhause oder keine Familie hat«, erklärte mir mein Vater. Die Familie nahm Platz um Queenies großen, mit erlesenem Porzellan und Kristall gedeckten, ovalen Tisch. Entgegen dem Brauch an Sabbat, den Brotlaib zu schneiden, brach der Großvater das flache Brot, genannt Mazza, in Stücke und sprach einen Segen. Es wurde eine bestimmte Passage des Exodus vorgetragen, und man stellte Fragen dazu. Dann versteckte der Großvater ein Stück Mazza, und ich mußte es wiederfinden, was mir mit Hilfe unmißverständlicher Andeutungen und Hinweise der Erwachsenen auch gelang. Die Suche war normalerweise als eine Art Wettstreit unter Kindern gedacht, und dasjenige, welches das Brot als erstes fand, bekam ein Geschenk. Da ich jedoch keine Konkurrenz hatte, bekam ich immer die Belohnung. Einmal war es eine schöne Puppe, die ich auf der Stelle Beata nannte. Ich war immer fasziniert von dem vollen Glas Rotwein, das man für Elia stehenließ, und weigerte mich, schlafen zu gehen, da ich auf die Ankunft Elias warten wollte.

Zu besonderen Anlässen durfte ich manchmal mit den Eltern und Großeltern in die Synagoge gehen. Die Menschen beteten, und ich fand es langweilig. Ich wünschte mir, daß meine Familie katholisch sei, da mir die Kirchen der Katholiken viel besser gefielen. Ich begleitete einmal Onute in eine dieser Kirchen. Die blaue Kirchendecke war voll kleiner Sterne, und an den Seiten waren wunderschöne Miniaturen von Menschen ausgestellt; außerdem gab es einen kleinen Raum mit einem Baby und drei lustig gekleideten Männern, die Geschenke auf dem Arm trugen. Auch Lämmer standen dort und eine große Tanne mit vielen Lichtern und anderem faszinierenden Schmuck. Nur eine Sache entsetzte mich, und das war der an ein großes Kreuz genagelte Mann. Er sah so leidend und traurig aus. Auch hing dort ein Bild, auf dem Blut aus dem Herzen dieses Mannes floß. Ich war sehr beunruhigt, bis mir Onute erklärte, daß es sich um Gottes einzigen Sohn handelte, der für die Menschen, für alle Menschen gestorben sei. Ich fand es sehr schlecht von Gott, daß er so an seinem Sohn gehandelt hatte.

Nur zu besonderen Festtagen gefiel es mir in der Synagoge, da die Kinder mit Fahnen herumliefen und viel gesungen wurde.

Im Frühjahr, wenn die Kastanienbäume ihre ungeliebten Sprößlinge von sich schüttelten, war der Boden bedeckt mit spitzen, grünen Bällchen, die die Kinder einsammelten. Mittels Zündhölzern wurden sie in vielfältige Gebilde, meistens in Häuser verwandelt. Die Erfinderischsten unter den Kindern bauten imposante mehrstöckige Gebäude. Dies war noch bevor der Stabilbaukasten Einzug in die Kinderzimmer hielt.

Jeden Tag sprossen neue Blumen aus der Erde, um mit Bedacht die Sicherheit ihrer Umgebung zu erkunden. Dann kam der Flieder, der die Luft mit seinem himmlischen Duft erfüllte. Mit bloßen Händen versuchte ich, die üppigen Büsche violetter oder weißer Blüten zu erreichen, aber die Erinnerung an die Stachel in meinen Handflächen hielt mich zurück. Ich war immer hinter den Blumen her, weshalb Mutter mir sogar den Spitznamen »Seele der Zerstörung« gab. Ich wußte nicht, was das bedeutete, aber auf russisch reimte es sich und klang bedrohlich. Und das alles, nur weil ich gerne hübsche Blumen pflückte. Ich konnte nicht verstehen, warum Onute mich wegen des Blumenpflückens ausschimpfte. Sie sagte, die Blumen würden sterben, wenn man sie von ihrer Wurzel trennte. Sie selbst pflückte doch auch die wild wachsenden, gelben Gänseblümchen in den Feldern, um aus ihnen Kränze zu flechten. »Das sind wilde Blumen, und die darf man pflücken«, lautete ihre Erklärung. Es verwirrte mich, daß man die wunderschönen Blumen im Garten so hütete, während man sich nicht darum scherte, daß das Leben ihrer armen Cousinen in der Wildnis geopfert wurde, damit sich die Menschen an ihnen erfreuen.

Mein vierter Geburtstag war der erste, der wirklich gefeiert wurde. Zu diesem Anlaß trug ich ein rotes Samtkleid mit einer passenden weißen Baumwollschürze. Eine große weiße Schleife wurde in mein Haar gebunden. Ich war bereits im Kindergarten, aber hatte bisher noch keine Freunde gefunden. In diesem Stadium meines Lebens war ich nicht sehr gesellig und spielte ungern mit den anderen. So bestanden die Gäste aus Kindern von Mutters Freunden, und wir saßen alle um den reich gedeckten Tisch. In der Mitte des Tisches stand ein Geburtstagskuchen in Form eines Gebäudes, das aussah wie das Schokoladenhaus, auf das Hänsel und Gretel im Wald gestoßen waren. Ich kann mich nicht mehr daran erinnern, wie viele Kerzen auf dem Kuchen standen, aber an das Ausblasen erinnere ich mich noch sehr gut. Ich war dabei nämlich nicht sehr erfolgreich, so daß die Anwesenden nur auf meine tolpatschigen Versuche achteten und nicht bemerkten, daß meine Schürze in der Zwischenzeit Feuer gefangen hatte. Es entstand ein großer Aufruhr, und alles endete damit, daß ich um eine Locke weinte, die das Feuer mir versengt hatte.

Die Sommerferien verbrachte unsere Familie in einem Ferienort namens Kalautuva, während Onute zu ihrer Familie aufs Land fuhr. Es gab viele Erholungsorte entlang der Ufer der Memel; die Dampfschiffbesitzer machten während der Saison ein einträgliches Geschäft. Damals war es selbst für Leute mit durchschnittlichem Lebensstandard üblich, die großen Ferien in einer ländlich gelegenen Datscha oder einem Sommerhaus zu verbringen. Was die einen besaßen, mußten die anderen mieten. Frauen, Kinder und ältere Leute wurden dorthin zur Erholung geschickt, während die Ernährer der Familien in den Städten blieben. Nur an den Wochenenden und für wenige Wochen im Sommer konnten sie die Zeit mit ihren Familien verbringen.

Meine Großeltern besaßen eine Datscha in der Nähe des nur vier Schiffstationen entfernten Kalautuva. Nur einen Steinwurf von den sandigen Ufern der Memel entfernt, erstreckte sich reiches Weideland. Während der Saison sah man nur wenige, friedliche Tiere auf dem Weideland grasen. In der Nähe des Dorfes gab es hier und da Kornfelder, die man durchqueren mußte, um die Ferienhäuser zu erreichen. Manche Häuser waren umzäunt, während andere stolz waren, ihren Zauber offen zur Schau tragen zu können. Es gab keine Elektrizität; Kerzen, Brunnen und Holzöfen erinnerten an die wenig komfortable Vergangenheit. Feldeinwärts kämpften die Bauern mit den Unwägbarkeiten des ländlichen Lebens, um sich ihr Einkommen zu sichern.

Die Feriengäste schwammen im Fluß, sonnten sich in den Dünen und räkelten sich faul in Hängematten, die in den Gärten zwischen zwei Bäumen aufgespannt waren. Kinder sprangen von einer an den starken Ästen eines alten Baumes befestigten hölzernen Schaukel oder schubsten sich gegenseitig beim Schaukeln an.

Großvaters Datscha bestand aus zwei großen Räumen und einer riesigen Küche. Sie war mit einem einzigen Holztisch und einer Metallwanne in der Ecke, in der ich mich waschen sollte, spärlich eingerichtet – die Erwachsenen kamen in den Genuß eines nahe gelegenen Türkischen Bades. Unserer Datscha gegenüber befand sich ein für Kinderaugen erstaunlich großer Wald. In Wahrheit war es wohl eine schmale Waldung. Ich wollte diesen Wald erkunden, aber mir fehlte noch der Mut, allein auf Entdeckungsreisen zu gehen.

Großvater Moses hatte eine besondere Bedeutung in meinem Leben. Obwohl er nicht viel sagte, leuchteten in seinen mit Krähenfüßen umgebenen Augen Abenteuerlust und Lebensfreude. Papa nannte seinen Schwiegervater »Moses mit den lachenden Augen«. Seine große, faltenreiche Stirn wurde von spärlichem, hellbraunen Haar gekrönt, das von grauen Strähnen durchzogen war, und am Hinterkopf wies er eine kahle Stelle auf. Wenn er lachte, legten sich sogar seine vornehme Nase und die Haut über seinen hervorstehenden Wangenknochen in Falten. Seine Unterlippe war schön geformt, was man selbst durch seinen dicken Vollbart hindurch erkennen konnte.

Wenn ich mich erschreckt hatte oder mir weh tat, nahm er mich auf seinen Schoß und streichelte meinen Kopf mit seinen großen, knochigen Händen. Ich habe mich oft darüber gewundert, wie Hände, die von den Schwielen körperlicher Arbeit gezeichnet waren, so zärtlich sein konnten. Wann immer er meinen Kopf streichelte, war es, als ob er sagen wollte: »Mach dir keine Sorgen, mein Kleines, es ist alles halb so schlimm und wird gleich besser«, und der Schmerz oder Schrecken verschwand auf der Stelle.

Ein bestimmter Aufenthalt in Kalautuva gehört zu den eindrücklichsten Erinnerungen meines Lebens. Ich bestieg mit dem Großvater das Schiff, um die Datscha für die Nachkommenden bewohnbar zu machen. Er fuhr sonst immer alleine voraus, aber diesmal nahm er mich mit. Das Haus war seit dem Ende des letzten Sommers verschlossen gewesen und mußte gut gelüftet werden. Reparaturen mußten vorgenommen werden, und auch der verwahrloste Garten mußte hergerichtet werden – eine Arbeit, die Großvater sehr liebte.

Das Dampfschiff stieß schwarzen Rauch aus, als es beschleunigte; wir passierten viele Städte, und einige Male hielt das Schiff auch, bevor wir Kalautuva erreichten. Es machte so viel Spaß, auf Deck entlangzulaufen, während das Schiff gegen den auf den Fluß hinausragenden Bootssteg schaukelte, und dabei den Wellen der Memel zuzusehen, die die sandige Küste liebkosten, während die Passagiere an Land gingen.

Um unsere Datscha zu erreichen, gingen wir über eine Viehweide, vorbei an einem Feld mit Gänse- und Kornblumen, und Ziegen mit prallen Eutern waren an Holzpflöcken festgebunden. Großvater war sehr geduldig mit mir, und er setzte sich auf seinen großen Koffer, während ich anhielt, um wilde Blumen zu pflücken oder vergeblich nach goldenen Schmetterlingen jagte. »Geh nicht zu nah an die Ziege heran, sonst wird sie dich stoßen«, war sein einziger Kommentar.

Inmitten dieses wogenden, grünen Meeres stand etwas, das mir wie ein Riese mit Büchsen vorkam und das zum Rhythmus des Winds Lärm machte. Ich hatte Angst und griff nach Großvaters Hand. »Hab keine Angst«, sagte er. »Das Ding ist nicht echt, es ist nur eine Vogelscheuche, die den Vögeln Angst machen soll. Sie besteht aus Stöcken, denen man Kleider umgehängt hat. Ich werde dir eine für unseren Garten machen, um die Vögel davon abzuhalten, die roten Beeren zu essen, die jetzt bald reif werden.«

Die erste Hausarbeit, die in unserer Datscha in Angriff genommen werden mußte, war das Säubern des Brunnens, der von einem Holzverschlag umgeben war und dessen oberen Rand ich gerade eben mit meiner Nase berühren konnte. An beiden Seiten befand sich jeweils eine vertikale Stange, auf denen eine horizontale Stange mit einer seitlichen Kurbel angebracht war. Betätigte man die Kurbel, so drehte sich das Gewinde, und Kette sowie Eimer fielen mit einem lauten Plumps in die Tiefe. Um zu verhindern, daß ich zu nahe an den Brunnen heranging, hob mich Großvater hoch und ließ mich vom Rand aus in die Tiefe sehen. Er warnte mich: »Es ist tief, und du kannst hineinfallen. Das ist sehr gefährlich.«

Die in den Brunnen gesprochenen Worte hallten grollend wider. Damit hatte er den gewünschten Effekt erreicht, denn ich ging nun davon aus, daß ein im Brunnen wohnendes Ungeheuer mit einer donnernden Stimme darauf wartete, mich hinunterzuziehen. Seitdem begnügte ich mich damit, aus sicherer Distanz zu beobachten, wie Großvater die Kurbel betätigte, die Wassereimer hochhievte und das Wasser für den Fall einer Trockenzeit in einer Tonne sammelte.

Mit einer Hacke zog er Furchen in die Erde und zeigte mir, wie und in welchem Abstand die Kartoffeln gepflanzt werden mußten, die er anschließend mit reichlich Erde bedeckte. In der ersten Nacht gab es Gewitter und Sturm, und es regnete in Strömen. Ich haßte den Sturm und hatte Angst. Großvater brachte mich ins Bett und tröstete mich: »Gott hat uns einen großen Sturm und viel Regen geschickt, damit unsere Kartoffeln schneller wachsen.«

In dem ländlichen Garten zu spielen gehörte zu meinen großen Freuden. Besonders liebte ich die Marienkäfer und war verblüfft, wenn sich die roten Knöpfe mit den schwarzen Punkten erhoben und ihre Flügel sie durch die Luft in Sicherheit brachten. Für die Frösche, die ich sammelte, grub ich kleine Löcher in die Erde, füllte sie mit Wasser und wunderte mich darüber, wie schnell das Wasser versickerte. Ich fragte mich, warum das Wasser im Flußbett nicht ebenso verschwand, und nahm mir fest vor, zu Beginn des nächsten Schuljahrs meine Lehrerin danach zu fragen.

Bald kamen die anderen, und nach all den Freiheiten, die mir der Großvater gewährt hatte, bedeutete es eine schwere Prüfung, die strengen Regeln der Mutter zu befolgen. Mit Großvater ernährte ich mich von hartem Brot und wilden Beeren, die wir mit frischer Ziegenmilch herunterspülten, während Mutter erlesene Gerichte zubereitete und mich zum Geradesitzen zwang.

Ich freundete mich mit den Nachbarskindern an und hatte in ihrer Gesellschaft nun Gelegenheit, den Wald zu erkunden. Anna hatte einen Hund namens Tiefka, der uns auf all unseren Abenteuern begleitete und den ich als unseren Beschützer ansah. Wir gingen Beeren und Pilze sammeln, wurden jedoch gewarnt vor den schönen, roten Pilzen mit den weißen Punkten, da sie so giftig wären wie der Apfel der Hexe bei Schneewittchen. Einmal kam sogar die ganze Familie mit in den Wald, um Haselnüsse zu sammeln. Täglich gingen wir an den Strand; die Wellen schlugen hoch, wenn ein Dampfschiff den Fluß entlangfuhr. Als das Wetter kühler wurde, neigten sich die wunderbaren Ferien dem Ende zu, und wir mußten in die Stadt zurückkehren.

Meistens ging ich mit Onute in den Park, wo die Wege mit einem bernsteinfarbenen Teppich bedeckt waren, der unter den Füßen raschelte. Gelbe Blätter tanzten lustig zum Rhythmus des Windes, der sie von den Bäumen in die Lüfte erhob. Ein großer Park inmitten der Stadt war übersät mit Kastanienbäumen. Ein eiserner Zaun und hohe Tore, die schützend verschlossen wurden, machten den Park zum sicheren und idealen Spielplatz für Kinder. Manche beobachteten den Verkehr und die Fußgänger durch die Eisenstangen, während andere unter den Bäumen beim Sammeln der Kastanien herumtollten. Goldbraune Kastanien brachen aus ihrer Mutterschale, die so lange wie möglich versucht hatten, ihren Sprößling festzuhalten. Ich sammelte Kastanien und bohrte mit einer Stricknadel Löcher in die noch zarten Schalen, um die Kastanien an einem Faden, an dessen unterem Ende ich einen Knoten gemacht hatte, aufzuziehen. Es gab dort viele Kinder, die auf dem weichen Grund Quadrate aufzeichneten, um in ihnen mit einem Bein entlangzuhüpfen. Es fanden außerdem Jo-Jo-Wettbewerbe statt. Diejenigen, die am längsten das Jo-Jo sausen ließen, wurden mit Kastanien belohnt. Beim Jo-Jo-Spielen geschickt zu sein, war von großer Wichtigkeit.

Meine Welt war vollkommen; sie war bewohnt von meinem heißgeliebten Papa, meiner eleganten Mutter und rührenden Großeltern, deren ganze Aufmerksamkeit und Liebe sich auf mich konzentrierten. Kindermädchen kamen und gingen, aber sie waren immer liebenswürdig, und ich war überzeugt davon, daß sich die ganze Welt nur um mich drehte.

Dann wurde Mutter sehr dick, und ich war besorgt um sie. Ihr Bauch wuchs und wuchs, und plötzlich war sie weg. Dann kam Onute und nahm mich mit, sie zu besuchen. Sie lag im Bett, teilte ihr Zimmer mit mehreren anderen Frauen. Eine Frau in einer gestärkten weißen Schürze und einem Musselinschleier brachte Mutter ein Bündel, das merkwürdige Geräusche von sich gab und strampelte. »Komm und sieh dir deine Schwester an«, wurde mir gesagt. Ich schielte verstohlen auf das Bündel und war bestürzt und angewidert durch das häßliche Gesicht, das dem eines verrunzelten alten Mannes ähnelte. Noch bevor Onute mich erwischen konnte, rannte ich in den Garten, wo ich in meiner Wut einige Blumen ausriß, um meiner Auflehnung Ausdruck zu geben. Ich war überrascht, daß an den herausgerissenen Blumen große, häßliche Zwiebeln hingen. »Wie meine Schwester«, dachte ich. »Ich sollte den Storch darum bitten, sie gegen eine hübschere Schwester, die so hübsch ist wie meine Puppe Rita, einzutauschen.«

Als Mutter nach Hause zurückkehrte, schlief das Baby mit dem Namen Carmela in dem Zimmer meiner Eltern, während ich so tat, als existierte es nicht. Ich war froh, in den Kindergarten zu gehen, wo ich Körbe flocht, zeichnete und Figuren aus Teig machte. Außerdem fing ich an, seltsame Zeichen, genannt Buchstaben, zu entziffern. Meine Lehrerin brachte mir bei, meinen Namen in Blockbuchstaben zu schreiben.

Als ich sechs Jahre alt war, begann das Abenteuer Schule. Sie befand sich seltsamerweise direkt gegenüber dem Stadtfriedhof. Die Schüler forderten sich gegenseitig auf, den Friedhof zu betreten, und die, die sich trauten, kamen schreiend zurück, verfolgt von imaginären Gespenstern. Einige der Kinder vertrieben sich die Zeit mit dem Lesen der Inschriften auf den Grabsteinen, denn sie waren ja nun, wo sie lesen lernten, so gut wie erwachsen.

Wir lernten auch Arithmetik, aber die Stunde, auf die ich mich am meisten freute, handelte von den Königen im mittelalterlichen Litauen. Ich begann, meine neugewonnenen Freunde zu besuchen. Meine Eltern hatten nichts dagegen, daß ich meine Freundin Marite traf, aber wollten nicht, daß ich zu Ruta nach Hause ginge. Rutas Eltern lebten auf einem Hausboot, das am Ufer des Flusses festgemacht war; ihr Vater hatte die Aufsicht über die restlichen Boote. Ich war fasziniert von dem Gedanken, daß Menschen auf Booten lebten. Ruta kannte den Hafen gut, und wir erkundeten die Ufer des Flusses. Einige Menschen fischten und saßen dabei am Ufer mit ihren langen Angelschnüren, die ins Wasser baumelten. Auf einem Hügel stand eine Schloßruine, die drohend auf all die Neuerungen der Zeit herunterblickte. Ruta war größer als ich, hatte lange blonde Zöpfe und trug einfache Kleidung. Den Luxus einer Tasche beispielsweise kannte sie nicht, denn ihre Eltern waren arm, obwohl auch ihre Brüder dazuverdienten. Der Vater verschwendete das ganze Geld, da er trank. Ruta war immer willkommen in unserem Haus, und selbst Mutter mochte sie sehr. Sie war klug in der Schule und immer höflich zu den Erwachsenen, so daß Mutter oft zu mir sagte: »Warum kannst du nicht so gut erzogen sein wie Ruta?«

Während der Winterzeit konnte ich einmal nicht zur Schule gehen, da ich krank war. Der dickbäuchige Dr. Kranz mit der rahmenlosen Brille kam, um mich mit seinem Stethoskop zu kitzeln und einen schrecklich großen Metallstab in meinen wunden Hals zu stecken. Schließlich verkündete er den Urteilsspruch: Ich hatte Scharlach und mußte auf die Isolierstation des Kinderkrankenhauses. Anfangs war ich zu krank, um irgend etwas um mich herum zu bemerken, aber als ich mich allmählich erholte, genoß ich das Leben im Krankenhaus. Krankenschwestern bastelten Figuren, indem sie rote, kegelförmige Hüte an Eierschalen befestigten und Baumwollflocken um den Rand und einen Bommel auf die Spitze des Hutes banden. Sie drehten Schnurrbärte und lange weiße Bärte aus der Baumwolle. Auch Clowns wurden auf ähnliche Art und Weise hergestellt und dienten als Schmuck für den Weihnachtsbaum im Krankenhaus. Einen Clown bekam ich mit nach Hause.

Die Bäume tarnten ihre Blöße unter einem Schneemantel, der Boden war naß und aufgewühlt, und die Gehsteige waren völlig verschmutzt durch die matschigen Stiefel und Galoschen. Auf der Straße hinterließen die Pferdeschlitten mit ihrer Fracht tiefe Spuren im Schnee. Selbst die Pferde hatten eine Decke, um sich vor der Kälte zu schützen. Menschen gingen in lange Mäntel und Schals eingewickelt, mit bis über die Ohren gezogenen Mützen und den Händen in den Taschen. Dampfwolken strömten gleichermaßen aus den Nasen von Mensch und Tier.

Väterchen Frost stellte seine Kunst auf den Fensterscheiben aus. Seine Kunstwerke waren vielfältig, einige Muster wirkten wie Sterne oder zerschlagenes Glas, die bei näherer Betrachtung aber zu Bildern von Dingen und Menschen wurden. Ich freute mich daran, auf die Fensterscheiben zu hauchen, um mit großer Faszination die langsame Verwandlung der Szenerie zu verfolgen. Lange, dünne Eiszapfen hingen wie Stalaktite von den Fensterbrettern; ich brach sie ab und saugte an ihnen wie an einem Lutscher. Im Park bewarfen sich die Kinder mit Schneebällen und bauten Schneemänner. Einige von ihnen waren nur dilettantische Versuche, andere wiederum wohlproportioniert und mit Hüten aus Blech und kleinen Besen versehen.

Kam man nach Hause, schüttelte man sich den Schnee vom Körper, ließ die Galoschen draußen stehen und wurde von der einladenden Wärme des Hauses empfangen. Häuser waren zu dem Zweck gebaut, der Witterung zu trotzen, und Heizkörper und altmodische Kachelöfen (wie sie meine Großeltern hatten) erfüllten die Räume mit behaglicher Wärme.

Die sowjetische Invasion

Im Sommer 1940 gelang dem Präsidenten Litauens, Antanas Smetona, noch rechtzeitig die Flucht, während schon russische Panzer in die Stadt rollten. Ohne daß ein einziger Schuß fiel, wurde das Schicksal Litauens durch fremde Nationen entschieden: Das Land war nur Kohle zum Schüren der Kriegsmaschinerie; seine Bewohner waren im Grunde nicht mehr wert als die Bauern in einem Schachspiel und hatten ebensowenig das Recht, über ihr weiteres Schicksal zu entscheiden.

Russische Soldaten lungerten in den Straßen herum; die Menschen gingen nur noch aus, um das Allernotwendigste zu erstehen. Verhaftungen wurden vorgenommen – die reichen und gutgestellten staatlichen Beamten mußten zuerst dran glauben, denn das bot eine bequeme Möglichkeit, den Besatzern die schönsten Häuser bereitzustellen. Geschäfte wurden geplündert, die Beute verteilt und auf Zügen zu den kommunistischen Verwandten der erobernden Armee transportiert: Es fand ein schneller Ausverkauf statt. So oder so übernahm der neue Staat allen Besitz, und man stellte die unbestreitbaren Rechte dieses Staates nicht in Frage. Aus neu installierten Lautsprechern in der Laisves Alleya drangen Propagandareden, Gedichte und fremde Musik. Nur die Vögel zwitscherten ungestört, denn für sie ging das Leben weiter wie bisher.

Das Verhalten der Erwachsenen befremdete mich zusehends, viele mir unbekannte Menschen begannen, meine Eltern zu besuchen. Sie flüsterten und sprachen leise, unterbrachen sich jedoch, sobald ich hereinkam. Als ich einmal in meinem neben dem Speiseraum liegenden Zimmer war, wurden die Gespräche hitziger. Sie sprachen über jemanden namens Hitler, der in Polen einmarschiert war, und ich hörte meinen Vater rufen: »Bald wird es Krieg geben!«

Nur einmal war mein Vater bisher laut geworden: Er hatte mich ausgeschimpft, als Mutter ihm erzählt hatte, daß ich zu der Vitrine gegangen war und, auf einem Stuhl stehend, die Glastüren geöffnet, die dort befindlichen Glastierchen genommen und allesamt aus dem Fenster geworfen hatte. Er brüllte mich an; als ich ihm aber sagte, daß ich die Vögel freigelassen hatte, damit sie davonfliegen konnten, und auch den Tiger und den Hund, da sie so einsam aussahen, konnte er sich vor Lachen nicht mehr halten.

Ein neues Mitglied der Gesellschaft zeigte sich – es waren die Kollaborateure. Manche von ihnen waren wohl aus Litauens Gefängnissen entlassene, aufrechte Kommunisten, aber die meisten von ihnen sprangen einfach auf den fahrenden Zug auf. Man konnte sie in drei Gruppen einteilen: Die einen gesellten sich zu den Machthabern, um ihre Situation zu verbessern; die nächsten waren so unreif wie Kinder, die den Erwachsenen einfach gefallen wollen; die dritten, die schlimmsten, waren die Psychopathen, Strandgut und Abschaum der Gesellschaft. Aus einem krankhaft übersteigerten Selbstwertgefühl heraus machten sie dem Eroberer ihre Aufwartung. Aus welchem Grund auch immer, sie benahmen sich gierig wie die Raben, den umkreisend, der am lautesten schreit.

Auch in der Schule gab es Veränderungen. Im Saal sangen wir nun nicht länger die litauische Hymne, sondern lernten ein neues Lied, die »Internationale«. Das Kruzifix und das Bild des Präsidenten über der Tafel wurden ersetzt durch eine Reihe neuer Bilder, und wir verbrachten den ganzen Tag damit, uns mit den Namen der Gesichter anzufreunden, die uns von der Wand aus anstarrten. Der Kerl mit dem angegrauten Bart war Marx, der mit dem langen weißen Bart Engels. Der barhäuptige Mann mit dem vorstehenden kleinen, schwarzen Bart war Lenin. Aber das eindrucksvollste Bild, vor dem alle anderen verblaßten, war ein Mann mit einem breiten Gesicht und einem großen Walroß-Schnurrbart: Stalin – was in der georgischen Sprache »Stahl« hieß. Der liebenswürdige Herr mit dem weißen Spitzbart war Kalinin, von dem es hieß, er trüge für alle Schulen die Verantwortung. Überall waren lustige kleine rote Sterne. »Sterne sind doch eigentlich gelb, warum sind ihre rot?« wunderte ich mich. Das war einfach zuviel und bereitete mir Kopfzerbrechen.

Die Unterrichtsstunden wurden umstrukturiert; anstatt mehr über die litauischen Könige, ihre heroischen Taten und die mythischen Jungfrauen in den Wäldern zu erfahren, brachte man uns eine ganze Reihe neuer Geschichten über die Helden auf den Bildern und ihre die arbeitende Bevölkerung befreienden Taten bei. Wörter wie Kapitalismus, Bourgeoisie und Ausbeutung wurden nun Teil unseres Vokabulars. Keiner verstand, was sie wirklich bedeuteten, trotz der großen Bemühungen von seiten der neuen Geschichtslehrerin. Alles, was sie uns beibrachte, waren Begriffe und Allgemeinplätze, die für uns keinen Sinn ergaben und nicht mehr Bedeutung hatten als die Zeittafeln, die wir ebenfalls lernten. Wir benutzten die Wörter lediglich, um uns gegenseitig zu beschimpfen.

Am ersten Mai mußten die Schulkinder in einer Parade durch die Laisves Alleya marschieren. Nicht alle waren dazu auserkoren, nur diejenigen, die einer Bewegung namens »Pioniere« angehörten. Ich gehörte nicht dazu, weshalb meine Eltern und ich bei der Parade nur Zuschauer waren. Als Bauern verkleidete Mädchen fuhren mit Körben voller Früchte und Sicheln in den Händen auf offenen Wagen. Seltsame Fahrzeuge, die Vater Panzer nannte, Matrosen und Soldaten, manche zu Pferde, andere musizierend, bevölkerten die Allee. Clowns, in Karren voller Flieder, warfen Luftballons, gefolgt von Kindern in Marinetracht mit roten Halstüchern. Das waren die »Pioniere«. Alle trugen sie rote Fahnen und Banner, so daß die Laisves Alleya in ein rotes Fahnenmeer verwandelt wurde.

Eines Tages erschien Ruta nicht in der Schule. Als ich nach Hause kam, fand ich Ruta mit ihrer Mutter, Frau Shaltite, sitzend in unserem Wohnzimmer. Die arme Ruta hatte ein blaues Auge und ein geschwollenes Gesicht. »Ruta wird für eine Weile das Zimmer mit dir teilen und mit dir zur Schule gehen«, sagte mir meine Mutter. Ruta war das einzige Mädchen in ihrer Familie. Sie hatte zwei größere und einen ganz kleinen Bruder. Als ich sie fragte, was passiert sei, sagte sie, ihr Vater sei ein Trinker und hätte sie geschlagen. Ich wußte nicht, was ein Trinker ist, aber als ich Rutas zerstörtes Gesicht sah, dachte ich, es müsse etwas Schlimmes sein. Ruta und ich waren sehr gerne zusammen. Wir stimmten selbst einem Spaziergang mit Carmela zu, die wir dann zwischen uns nahmen. Wir fühlten uns sehr erwachsen und verantwortungsvoll.

Großmutter zog nun bei uns ein, um nicht so allein zu sein, während der Großvater fort war. »Wo ist Opa?« fragte ich, und man antwortete mir, er käme bald zurück. Eines Nachmittags kam ich schluchzend und mit rotgeweinten Augen nach Hause. »Papa«, schrie ich, »Opa ist kein Kapitalist, der Menschen ausbeutet, so wie es unsere Lehrerin Auchsteite behauptet. Er ist freundlich und nett. Jonas, ein Junge in meiner Klasse, behauptete, er sei ein Kapitalist und wäre weggeschickt worden, um das Arbeiten zu lernen.« Vater war verblüfft und versuchte, mir alles ruhig und so weit es ihm möglich war zu erklären. »Renata, ein Kapitalist ist auch eine Person, die Eigentum vermietet. Dein Großvater hat für seine Familie ein großes Haus gebaut, aber als die Kinder groß wurden und wegzogen, hat er das Haus in drei Wohnungen aufgeteilt. In einer von ihnen leben die Großeltern, und die anderen beiden vermietete er. In den Augen des Staates wird er dadurch zum Kapitalisten.«

Später belauschte ich ein Gespräch zwischen den Eltern, in dem der Vater von einem Irrtum sprach, der den Russen unterlaufen sei. »Ich bin ein Angestellter«, sagte er, »und verdiene doch viel mehr als der alte Mann. Es ist ein Mißverständnis, da bin ich ganz sicher, und sie werden ihn bald entlassen.«

»Ist es erlaubt, eine Datscha zu besitzen?« fragte ich meine Eltern.

»Ja«, sagte der Vater, »das ist erlaubt.«

Jetzt hatte ich alles verstanden und wünschte mir, daß die Erwachsenen nicht solche Lügen erzählen würden. Großvater war zum Arbeiten in seine Datscha geschickt worden, um sie für den nächsten Sommer herzurichten. Selbst Jonas mußte doch wissen, daß der Besitz einer Datscha erlaubt war. Das hatte er wohl mit dem Arbeiten gemeint. Ich wartete nun sehnlichst auf den Sommer, um zu der Datscha und zum Großvater zu fahren, der uns an der Bootsanlegestelle erwarten würde.

Ein weiteres Problem bereitete mir die Vorstellung von den Leuten, die in dem großen Steinbau eingeschlossen waren, an dem ich auf meinem Weg zu Ruta vorbei mußte. Manchmal hatte ich durch den hohen Zaun hindurch, der das Gebäude umgab, Menschen gesehen und wollte nun wissen, warum sie da drin waren. »Papa, was ist ein Gefängnis, und warum sind all die Menschen dort eingesperrt?«

»Das ist schwer zu erklären«, antwortete er langsam. »Du weißt, daß du, wenn du dich nicht gut benimmst und schlechte Dinge tust, in der Schule und zu Hause dafür bestraft wirst. Man wird dich in die Ecke stellen, dir zur Strafe etwas vorenthalten und dich manchmal vielleicht sogar schlagen. Wenn Erwachsene etwas Unrechtes tun, werden auch sie bestraft; sie werden dafür ins Gefängnis geschickt.« »Was für schlimme Dinge machen sie denn?« hakte ich nach. »Man hat dir beigebracht, nie etwas zu nehmen, das dir nicht gehört. Wenn ein Erwachsener stiehlt, muß er ins Gefängnis. Boshafte Menschen bringen einander um, und das wird Mord genannt. Es gibt Menschen, die Gelder veruntreuen, was auch eine Form von Diebstahl ist. Andere wiederum teilen die Meinung des Staates nicht und schließen sich Organisationen an, die in Litauen verboten sind. Das sind dann die sogenannten politischen Gefangenen.« Diese detaillierte Antwort auf meine einfache Frage war zuviel für mich; mein Desinteresse bemerkend, schlug Vater vor, uns nicht weiter mit solchen Dingen zu belasten und statt dessen eine Schlittenfahrt zu machen. »Ich muß einige Unterlagen bei Herrn Baranovsky abliefern. Ich nehme dich mit, wie wäre das?« Vater nahm mich des öfteren mit, vor allem im Winter, wenn er mich auf einem Schlitten hinter sich her ziehen konnte. Herr Baranovsky war ein Kollege meines Vaters und hatte ebenfalls eine Tochter namens Renata. Sie war ein großes Mädchen, das mir während der Unterhaltung zwischen meinem Vater und Herrn Baranovsky Süßigkeiten gab und Geschichten vorlas.

Im nächsten Frühjahr kam ich mit einem Brief nach Hause, in dem stand, daß ich mit der Schule nach Palanga in die Ferien fahren sollte. Meine Eltern waren nicht dafür, hatten jedoch Angst, durch eine ablehnende Haltung als »bourgeois« zu gelten und dafür bestraft zu werden. Auch ich wollte nicht so recht, da ich viel lieber zu meinem Großvater in die Datscha gegangen wäre.
Meine Eltern nahmen am Bahnhof Abschied von mir. Großmutter war zu Hause geblieben, um auf Carmela aufzupassen. Ich küßte meinen Vater und fand, daß er traurig aussah. Er ließ mich nur widerstrebend ziehen. Ich aber war inzwischen voller Erwartung auf das Abenteuer mit meinen Klassenkameraden, schließlich war ich ja nun schon ein großes Mädchen. Ich winkte zum Abschied, als der Zug anrollte, und meine Eltern wurden mit wachsender Entfernung kleiner und kleiner.

Entlang der baltischen Küste waren vom Staat Ferienhäuser beschlagnahmt worden, zu dem Zweck, die Schulkinder dem schlechten Einfluß ihrer Eltern zu entziehen, die lange – zu lange – unter dem kapitalistischen Regime gelebt hatten. Hier sollten junge, unverdorbene Gemüter herangebildet werden; auf jungfräulichem Boden sollte die Saat des Kommunismus aufgehen. Meine Schulfreunde und ich wurden einem solchen, am Meer gelegenen Haus in der Stadt Palanga zugewiesen. Sobald wir ankamen, pferchte man uns in lange Schlafsäle. Vielleicht hatten die Behörden die Wände herausreißen lassen oder das Gebäude einmal als Genesungsheim für Tuberkulosekranke genutzt. Wir fanden dort viele Betten in langen Reihen vor, und die umliegenden Gebäude waren identisch mit unserem. In vergangenen Zeiten waren vielleicht nicht ganz so viele Menschen auf die Räume verteilt worden. Obwohl es dort verantwortliche Lehrer gab, halfen ihnen Komsomolzen* oder Pfadfinder bei der Erziehung. Wir aßen an langen Speisetischen, das Essen wurde uns auf Servierplatten gebracht. Nach dem Frühstück gingen wir zum Strand, wo Wettkämpfe im Suchen von Bernstein und Muscheln veranstaltet wurden. Diejenigen, die am meisten fanden, wurden mit einem roten Anstecker in Form eines Sterns ausgezeichnet. Die Preise richteten sich nach der Größe der Beute. Anstecknadeln mit Stern, Hammer und Sichel und das am sehnsüchtigsten erhoffte Abzeichen, auf dem eine rote Fahne und das Gesicht Stalins abgebildet waren, wurden an die Gewinner verteilt. Ich war selten unter den Gewinnern, da ich Angst vor den sich brechenden Wellen hatte.

Beinahe alle Kinder meiner Schule waren für die Ferien nach Palanga geschickt worden, die Gruppen bestanden jedoch aus bunt zusammengewürfelten Kindern verschiedener Schulen. Ruta und ich konnten also froh sein, im gleichen Schlafsaal untergebracht worden zu sein. Andere Mädchen aus unserer Klasse befanden sich in einem anderen Teil des Ferienlagers. Ruta und ich hielten uns an den Händen, wo immer wir auch hingingen. Wir trauten uns beide nicht, weiter als bis zu den Knien ins Wasser zu gehen, da die Wellen

---

* Komsomol: Abkürzung des Kommunistischen Jugendbundes, der 1918 gegründet wurde und die staatliche Jugendorganisation der UdSSR war.

stark waren. Es war furchtbar, als ich einmal kopfüber ins Wasser fiel und Salz in den Mund bekam. Seither wollte ich nicht wieder in das gefährliche Wasser hinein, so blieb ich an der Küste sitzen, um aus sicherer Distanz das Geschehen zu verfolgen. So viel Wasser und so hohe Wellen und darunter einfach nichts – das wirkte gefährlich und ließ nichts Gutes ahnen. Es schien, als ob das Wasser alles – selbst die Sonne am Ende des Tages – einfach hinunterschlang. Manchmal kamen die Wellen beinahe zu dem Platz, an dem ich saß, herauf, als ob das Meer mich in seinen großen weißen Rachen schlingen wollte. Bei Ruta erwachte der Mut, wie die anderen paddelte sie nun fröhlich im Wasser herum und versuchte unaufhörlich, mich zum Hineingehen zu überreden. Da es ihr nicht gelang, nannte sie mich ein Baby. Die anderen lachten mich aus, trotz alledem mied ich das Wasser. Der Fluß in Kalautuva war viel sanfter, die Wellen waren klein, das Wasser süß; überhaupt war er um vieles schöner. Man konnte auf die andere Seite des Flusses, auf die Bäume, die Hügel und die entlang der sandigen Küste verstreuten Häuser sehen. Der Fluß war schmal, und an seinen Ufern gab es Blumenwiesen, auf denen man spielen konnte. Dagegen bestand das Meer aus viel zu viel Wasser, nicht nur ich, selbst Wiesen und Blumen wichen vor ihm zurück. Meistens ging ich nur nah an das Wasser heran, um Bernstein zu suchen, aber sobald eine Welle kam, rannte ich um mein Leben. Für meine Angst vor dem Meer zahlte ich einen hohen Preis: Ich war die Schlechteste in der Gruppe der Bernsteinsammler. Was die Muscheln betraf, so sammelte ich die Bruchstücke, die das Meer oder Strandgutjäger aussortiert hatten. Das für unsere Gruppe verantwortliche Komsomol-Mädchen versuchte, mich dazu zu bringen, meine Angst zu überwinden. »Versuch es wenigstens für einen Stern«, sagte sie. Ich war nämlich das einzige Mädchen meiner Gruppe, das noch keinen Preis erhalten hatte. Andere hatten mindestens zwanzig Abzeichen, während ich nicht einmal einen Stern hatte, und das war der am leichtesten zu erwerbende Preis. Ich blieb viel lieber in der Nähe des Feriengeländes, wo gesungen wurde und man sich Bemerkenswertes über die Helden der Sowjetunion erzählte. Meine Gruppe verbrachte viele Stunden damit, ein Gartenbeet mit roten und gelben Blumen in Form eines Sterns mit Hammer und Sichel, den Symbolen der Arbeiter, anzulegen. Am späten

Nachmittag saßen wir dann um ein Lagerfeuer, an dem die Werte des Kommunismus gepriesen und Loblieder auf den Ruhm Stalins, Lenins und Kalinins gesungen wurden.

Wir lernten russische Lieder, und in den vertrauten Klängen litauischer Melodien wurden fremde Taten, Menschen und Völker besungen.

Die deutsche Invasion

Wir hatten uns gerade für das Frühstück fertiggemacht, als ein Donner aus dem blauen, wolkenlosen Himmel kam und mit einem lauten Knall endete. Er war so laut, daß unser Schlafsaal zu erzittern schien. Blitze setzten den Himmel in Flammen, und es hagelte Leuchtkugeln, die aussahen wie fallende Sterne. Gott mußte sehr wütend sein, daß er solche Dinge vom Himmel schmetterte. Wir waren mucksmäuschenstill, starrten aus den Fenstern und drängten uns dicht zusammen wie ein Wurf junger Katzen. Dann hörte man einen brummenden Lärm, vogelähnliche Flugzeuge verdunkelten und zerwühlten den Himmel. Ein nahe gelegenes Haus fing Feuer, und wir beobachteten fasziniert, wie die Fenster barsten und das Feuer um die brennenden Rahmen züngelte. Einigen schnellen, kurzen Explosionen folgte ein neuer Ausbruch des Donnerns. Einige der Kinder weinten, als wir aus dem Schlafsaal geführt wurden, um uns einer Gruppe älterer Mädchen anzuschließen, die allesamt mit Ruß und Asche bedeckt waren. Ein paar von uns husteten. Ein kleines Mädchen hielt seinen Teddybären im Arm und wimmerte. Wir sammelten uns an der Straße, um dem Rauch zu entgehen. Soldaten galoppierten vorbei und schrien: »Es ist Krieg, die Deutschen haben angegriffen!« Ein blutender Soldat wurde von einem anderen gestützt. »So viel Blut«, dachte ich, »das ist sogar mehr, als wenn ich mich mit Vaters Rasiermesser in den Finger schneide.« Das Jod, das Mutter damals verwendete, brannte zwar, brachte aber die Blutung zum Stillstand. Ich wollte dem Soldaten sagen, er solle Jod auf die Wunde seines Freundes streichen. Zwei Soldaten trugen einen Mann auf einer Bahre, seine Brust war offen und blutig, mit den Händen streifte er den Boden. Seine Augen blickten traurig und schmerzvoll, und er erinnerte mich an Gottes Sohn, der in der Kathedrale in Kaunas hing.
Die beiden Lehrerinnen diskutierten und gestikulierten verzweifelt,

während sie den Komsomolzen befahlen, nach uns Kleinen zu sehen. Wir waren viel zu beunruhigt, um in Panik zu geraten. Abgesehen von den ganz Kleinen, die weinten und nach ihren Müttern riefen, waren wir starr vor Angst. Wir drängten uns eng zusammen. Aus irgendeinem Anlaß trugen die Komsomol-Mädchen ihre Alltagskleidung, die sie im Vergleich zu ihren Khakiuniformen und Halstüchern älter erscheinen ließ. Auf einmal tauchten Panzer mit Soldaten in anderen Uniformen auf. Ihnen folgten Lastwagen voller Soldaten. Einem kleinen Fahrzeug entstieg ein wichtig erscheinender und mit vielen Orden behangener Soldat und brüllte irgend etwas. Unsere Lehrerinnen liefen ihm entgegen, sprachen mit ihm und deuteten auf uns. Nach einem kurzen Gespräch kehrte er zu seinem Fahrzeug zurück und verschwand. Die Lehrerinnen trieben uns von der Straße weg auf eine Wiese zu. »Wir werden jetzt sehr tapfer und erwachsen sein müssen. Die Landstraße ist zerbombt, und wenn wir nach Hause kommen wollen, müssen wir den Weg zu Fuß zurücklegen. Wir werden einige Tage brauchen, die Bauern werden uns auf unserem Weg mit Mahlzeiten unterstützen.« Ein Mädchen fragte, ob wir unser Gepäck mitnehmen dürften. »Jeder soll ein paar für die Reise notwendige Dinge einpacken, auf keinen Fall alles, da zuviel Gepäck das Gehen zusätzlich erschwert und uns nur Zeit kosten würde.«

»Was ist mit Herrn Kalinin, der doch für alle Schulen verantwortlich ist? Warum sorgt er nicht dafür, daß die Straßen repariert werden?« fragte die neunmalkluge Meta aus unserer Klasse.

»Kinder, ihr müßt gut zuhören, bei dem, was ich euch jetzt sage«, sprach die Lehrerin der anderen Gruppe. »Euer Land ist von der deutschen Armee überfallen worden. Unter keinen Umständen dürft ihr den Kommunismus, Stalin oder andere russische Führer erwähnen. Wenn ihr es dennoch tut, werdet ihr ernsthafte Schwierigkeiten bekommen. Habt ihr mich verstanden?«

Irgendwann einmal hatte man uns von den litauischen Königen erzählt, dann wurde es verboten. Als nächstes legte man uns die Werte des Kommunismus ans Herz, und plötzlich galten auch sie nichts mehr.

»Ich will nach Hause«, quengelte ein Mädchen.

»Das wollen wir alle«, schnauzte die Lehrerin sie an.

»Es ist Krieg, hast du nicht gehört, was die Soldaten sagten«, flüsterte Ruta. Ich erinnerte mich an die Erzählungen vom Krieg in der Schule, von den Königen und Knechten, die mit Schwertern auf ihren Pferden kämpften. Der Soldat, der uns vom Ausbruch des Krieges berichtete, saß zwar auf einem Pferd, hatte aber kein Schwert und rannte einfach weg. Vielleicht war er ein Feigling wie in früheren Zeiten die teutonischen Knechte.

Wir stellten uns der Reihe nach auf und traten den Heimweg an. Es war schwer, das gleiche Tempo zu halten, und bald lockerte sich der Zug. Die Kinder strauchelten wie eine Herde verlorener Schafe. Wir gingen durch die Felder, hier und da sahen wir durch Obstgärten hindurch strohbedeckte Dächer und rauchende Schornsteine. Die Lehrerinnen beschlossen, bei einem großen Hof haltzumachen, und nach längerer Verhandlung verteilte der Bauer heiße Kartoffeln und Quark an uns. Wir waren hungrig und griffen gierig nach den heißen Kartoffeln; wir mußten sie zwischen den Händen jonglieren und gleichzeitig blasen, damit sie schneller kalt wurden. Dann tunkten wir sie in den Quark und ließen uns die unerwartete Mahlzeit schmecken. Kübel voller Milch wurden zu uns herausgebracht, und wir warteten der Reihe nach, da es nur ein paar Metallbecher gab. Die Milch war köstlich. Abgesehen von der Ziegenmilch in Kalautuva hatte ich mich für Milch nie besonders interessiert, aber diese hier schmeckte sogar besser als Limonade. Wir setzten unseren Weg fort und hielten bloß an, um Wasser aus kristallklaren Bächen zu trinken. Wir liefen barfuß, da unsere Schuhe drückten, und hatten die Augen fest auf den Boden geheftet, um Stacheln und spitzen Steinen rechtzeitig auszuweichen.

In der Dämmerung näherten wir uns einem anderen großen Bauernhof. Der dazugehörige Bauer schlug die Hände über dem Kopf zusammen, als er die zerzauste Schar kleiner Mädchen auf sich zukommen sah. Er erlaubte uns, in seinem Kuhstall zu übernachten, und das Vieh muhte ärgerlich, da wir es aus seinem Heim vertrieben hatten. Das Stroh pikste, aber unsere müden Körper fielen bald in den Schlaf. Zum Frühstück aßen wir Buchweizenbrei. Die Anzahl der Schüsseln und Löffel reichten nicht aus für uns, so daß wir aufgefordert wurden, der Reihe nach zu essen. Wir waren jedoch so ausgehungert, daß wir mit den Händen in den Topf griffen, um die

auf der Milch schwimmenden Breiklumpen herauszufischen. Als
der erste Hunger gestillt war, warteten wir auf die wenigen verfügbaren Löffel. Während des Tages setzten wir unsere Reise fort und
pflückten Obst von Bäumen. Diese Bäume waren unsere Oasen, unter denen wir sitzen und unsere wundgelaufenen und aufgeschürften
Füße ausruhen konnten. Einmal fing es an zu regnen, und wir konnten uns nirgendwo unterstellen – selbst unsere Lehrerinnen sahen
zuletzt aus wie aus dem Fluß gerettete, nasse Katzen. Dem Unwetter
folgte Sonnenschein, und im Nu waren wir wieder trocken. Manchmal sahen wir andere Gruppen von Kindern; die Lehrerinnen ver-
ständigten sich dann aus der Entfernung über Zeichensprache miteinander, um dann mit ihren Gruppen in verschiedene Richtungen
weiterzumarschieren. Man versuchte die Last zu verteilen, da ein
Bauer allein nicht in der Lage gewesen wäre, die ganze Horde gieri-
ger Kinder zu versorgen. Wir stopften uns voll mit den Früchten von
den Obstbäumen; Gesicht und Hände vom Saft der Pflaumen ver-
schmiert, zogen wir die Fliegen scharenweise an. Wir wuschen uns
in schlammigen Bächen, schliefen in Scheunen, tranken frische,
warme Milch und waren den Bauern dankbar für alles, was sie uns
zur Verfügung stellten. In einem Dorf erhielten wir sogar warmes
Brot aus dem Ofen. Es roch und schmeckte besser als jede Schokolade.

Es schien, als seien wir bereits eine Ewigkeit unterwegs, als uns die
sanften, kleinen Wellen der Memel begrüßten. Zu unserer Rechten
befand sich ein kleines, am Fluß gelegenes Dorf, geziert durch den
Giebel einer schönen Kirche. Weiter vorne, dem Ufer entlang, sah
man einen kleinen Pier, ähnlich der Dampfschiffstation in Kalautuva. Eine Lehrerin und ein Komsomol-Mädchen gingen in das
Dorf, um mit einem Sack voller Lebensmittel und einer freudigen
Botschaft zurückzukehren: Wir konnten unsere Reise nach Kaunas
mit dem Schiff fortsetzen.

Endlich kam das Boot; die meisten von uns schliefen die ganze Fahrt
über und öffneten ihre Augen erst wieder, als wir in Kaunas angekommen waren. Rutas Mutter, Frau Shaltite, erwartete uns bereits;
sie nahm Ruta und mich auf ihr Boot, während die anderen in die
Schule gingen. Dann begleitete mich Frau Shaltite nach Hause und
drückte mir den ganzen Weg über die Hand. Sie weinte und sagte

immer wieder: »Du mußt jetzt sehr tapfer sein.« Sie verabschiedete sich an der Tür, und als ich eintrat, wußte ich, daß etwas nicht stimmte. Mutters und Großmutters Augen waren rot vom vielen Weinen; die sonst so gepflegte Mutter hatte nicht einmal ihre Haare gekämmt. »Wo ist Papa?« fragte ich. Es war spät, und zu dieser Zeit war er sonst immer zu Hause. »Papa wurde mitgenommen«, sagte Mutter langsam, doch bevor ich weiterfragen konnte, klopfte es an die Tür, und eine Nachbarin stürzte weinend herein. Ich hatte Frau Grünberg noch nie in unserem Haus gesehen und war entsprechend verblüfft. Sie jammerte und schrie: »Gabriel, Gabriel. Sie haben alle Männer mitgenommen, aber er ist doch noch kein Mann; er ist erst sechzehn.« Mutter flüsterte ihr etwas ins Ohr, worauf sie unsere Wohnung verließ. »Setz dich«, sagte Mutter, indem sie mich vorsichtig auf ihre Knie hob. »Ich möchte dir etwas erzählen. Du weißt, daß die Deutschen Litauen besetzt haben und daß Krieg herrscht. Hitler, der Führer der Deutschen, mag keine Juden. Soldaten mit Gewehren kamen in unser Haus, geführt von Herrn Lapis, unserem Hauswart. Herr Lapis zeigte ihnen, wo überall Juden wohnen, und sie führten die Männer zur Arbeit ab: Frau Grünbergs Mann und ihren Sohn Gabriel, Herrn Jalunaites (von dem ich nicht wußte, daß er Jude war) und sogar den alten Herrn Katz.«

»Aber der ist doch alt und kann nicht mehr arbeiten«, rief ich. »Und mein Vater ist kein Kapitalist, er ist ein Arbeiter, das hat er selbst gesagt.«

»Das stimmt, Herr Katz ist 70 Jahre alt. Sie haben ihn aber trotzdem zusammen mit den anderen abgeführt. Von jetzt an müssen wir alle gelbe Sterne an unserer Kleidung tragen, auch Carmela und du, und werden in Zukunft in einem Ghetto leben. Ich bin ganz sicher, daß Vater und Großvater zu uns zurückkehren, sobald sich die Lage beruhigt hat. Denn trotz alledem sind die Deutschen ein zivilisiertes Volk.«

Verziert mit dem großen und wenig vertrauten gelben Stern, wurde ich mit Carmela in den Garten geschickt. Lavina, die Tochter des Hauswarts, kam dazu, und ich wollte mit ihr spielen, als sie schrie: »Jude, Jude, schmutziger Jude.«

»Ich bin nicht schmutzig, du bist schmutzig«, schrie ich zurück, sie aber kehrte mir den Rücken, nachdem sie mir die Zunge herausgestreckt hatte. Ich verstand nicht, warum sie so gemein war, denn sie war kleiner als ich und bekam von Mutter alle Kleider, aus denen ich herausgewachsen war. Auch jetzt trug sie eins. Warum hat sie mich als schmutzig beschimpft, wo wir doch immer nett zu ihr waren? Als ich meiner Mutter von dem Vorfall erzählte, ließ sie uns nicht mehr hinaus. »Lapis, Lavinas Vater, ist ein Antisemit«, sagte sie. Wieder einmal verstand ich die Welt nicht mehr. Noch mehr neue Wörter, die mir nicht das geringste sagten, aber drohten, das vertraute Leben auseinanderzureißen. Es war zu schnell zuviel passiert, und Mutters Erklärungen hatten nur zur Folge, mich noch mehr zu verwirren. Gabriel hatte ich nie gemocht, da er mich nicht beachtete, aber der alte Katz hatte mir immer Süßigkeiten zugesteckt, und nun mußte er wie Vater und Großvater harte Arbeit leisten. Und diese vielen Sterne, zuerst trugen wir rote, nun sind es gelbe, und wir müssen an einen Ort, der sich »Ghetto« nennt. Das alles verursachte mir Kopfschmerzen, und ich hatte das dringende Bedürfnis, mit meinen Puppen zu reden. Ich sprach immer dann mit meinen Puppen, wenn ich verwirrt war, und konnte sicher sein, daß sie mich verstanden und das, was ich sagte, billigten.

Mutter und Großmutter unterhielten sich nun auf jiddisch, was für meine Mutter unüblich war, denn sie hatte Großmutter bisher immer nur auf russisch geantwortet. Die Unterhaltungen waren also offensichtlich nicht für meine Ohren bestimmt, aber ich nahm Gesprächsfetzen auf. Sie sprachen davon, daß Vater und Großvater im Gefängnis waren. Gefängnisse waren etwas für schlechte Menschen. Selbst Rutas Vater hatte nicht ins Gefängnis gehen müssen, und er hatte sie wirklich zusammengeschlagen. Vater und Großvater waren doch anständig, warum in aller Welt mußten sie dann ins Gefängnis?

Viele Freunde suchten uns auf, und die Erwachsenen weinten unaufhörlich. Mutters litauische Freunde brachten Lebensmittel und Koffer, eine enge Freundin, Frau Balikenis, half ihr beim Packen und versprach, einige Sachen bei sich aufzubewahren. Alles andere gab Mutter weg, und unser Haus sah nun öde und verlassen aus.

Ghetto

Ein jüdischer Ausschuß – der sogenannte Judenrat – wurde ins Leben gerufen. Seine Aufgabe war es, die Befehle der Nazis an die jüdische Bevölkerung weiterzugeben – als eine Art Grenzgänger zwischen den nationalsozialistischen Herrschern und der neuentstandenen Kaste der Unberührbaren. Der Judenrat bestand hauptsächlich aus jüdischen Akademikern, die fließend Deutsch sprachen.

Der erste Befehl sah die Isolierung aller Juden in einem Ghetto vor. Dieses Ghetto war ein von Deutschen geleiteter, völlig heruntergekommener Ort an der Peripherie von Kaunas, um den ein großer Zaun gezogen wurde; zwar keine Strafanstalt mit Steinmauern, aber nichtsdestoweniger ein Gefängnis, umgeben von sechsfachem Stacheldraht. Der Zaun diente dazu, eine bis dahin unbekannte Sorte von Tieren, genannt Juden, in Schach zu halten. Außerhalb des Zaunes befanden sich nur abgerissene Häuser und kahle Felder, was noch dazu beitrug, den Kontakt zum Rest der Menschheit zu unterbinden. Als der Stacheldrahtzaun, die Gitter und Nebengebäude vollständig errichtet waren, erhielten die Juden einen festen Termin, an dem sie ihre Häuser zu verlassen und in das Ghetto zu ziehen hatten. Bauern waren uns mit ihren vierrädrigen Pferdekarren beim Umzug behilflich. Ganz offensichtlich wollten sie sich die Gelegenheit zum Geldverdienen oder zur Bereicherung an den Habseligkeiten der nun Rechtlosen nicht entgehen lassen.

Vor dem Umzug hatte man uns darüber belehrt, daß nicht mehr als ein Möbelstück pro Familie und ein Bett für die Erwachsenen erlaubt sei. Die Erwachsenen mußten aufgrund der beengten Räumlichkeiten ihr Bett mit den Kindern teilen. Weiter wurden wir angewiesen, Bretter und Seile mitzunehmen, um gegebenenfalls Stauraum zu schaffen. Weder elektrische Geräte noch Porzellan, sondern nur Gebrauchsgegenstände aus Metall durften mitgebracht werden; weiterhin Kleidung, Decken und selbstverständlich kleinere Wertgegenstände und Luxusartikel, die man später für den Tausch gegen dringend Benötigtes benutzen konnte. Als der Bauer, der die wenigen, uns verbleibenden Habseligkeiten transportieren sollte, die Decken um unsere Koffer und Betten gebunden hatte, setzte sich die Großmutter mit Carmela auf dem Schoß neben ihn; ich saß auf Mutters Schoß und weinte. Sie hatte mir nicht einmal erlaubt, meine Lieblingspuppe mitzunehmen. »Großvater hat sie mir geschenkt«, schluchzte ich.

»Da, wo wir hingehen, ist nicht der richtige Ort für Spielsachen und Vergnügungen.«

Mutter hatte die Puppe dem Bauern für seine Tochter gegeben.

Zuerst fuhren wir an vertrauten Gebäuden und Plätzen vorbei. Auf den Straßen wimmelte es von Soldaten in grünen Uniformen. Es wehten immer noch rote Fahnen auf den Dächern, allerdings waren auf ihnen keine Hämmer und Sicheln mehr zu sehen, sondern vielmehr ein lustiges schwarzes Zeichen in einem weißen Kreis. Wir fuhren an vielen Karren vorbei, die dem unseren ähnelten; Menschen mit gelben Sternen saßen darauf, und sie alle hatten das gleiche Ziel. Unser Pferd schnaubte und keuchte, so daß der Bauer häufig kleine Pausen einlegen mußte. Das arme Tier zog schwer an seiner Last. Nach einiger Zeit änderte sich die Szenerie; eine Menge alter, heruntergekommener Häuser tauchte vor uns auf. Manche sahen aus wie die alten Bauernhäuser, die ich auf meinem Nachhauseweg von Palanga gesehen hatte, nur gab es hier keine Felder und Kühe. Dafür aber schöne Pflanzen, die an diejenigen der Bauern erinnerten, die die Lehrerinnen Gemüse genannt hatten. Wir näherten uns nun einer großen, umzäunten Ebene. Die Zäune waren sehr hoch, viel, viel höher als meine Mutter und nicht wie die kleinen Stacheldrahtzäune, vor denen wir uns in den Feldern in acht nehmen mußten. Sie waren errichtet worden – so sagten mir die Lehrerinnen damals –, damit sich fremdes Vieh nicht auf das Land eines anderen Bauern verirrte und sich dort satt fraß. Ich fragte mich, warum sie für uns einen solch hohen Zaun errichteten. Wir waren doch kein Vieh, das auf anderer Leute Land weidete.

Unser Karren wurde zu den anderen in die Nähe des Stacheldraht-

zaunes gestellt. Ein aufmüpfiges Pferd, das sich an die lange Reihe
der Karren noch nicht gewöhnt hatte, machte seinen Einwand gel-
tend, indem es ununterbrochen wieherte und sich bei seinen Freunden beschwerte, die als Zeichen ihrer Zustimmung mit dem Schweif
wedelten und in das Wiehern mit einstimmten. Soldaten in schwarzer Uniform mit Schirmmützen, auf denen das Abzeichen des To-
tenkopfes mit zwei übereinandergekreuzten Knochen prangte, und
mit Pistolen um die Hüften wirkten deplaziert angesichts der bunten
Schar von Menschen. Als wir an das breite Tor kamen, wurde unser
Gepäck durchwühlt, und auch wir wurden von den Männern in
schwarzer Uniform sorgfältig durchsucht. Ein Mann mit einem gelben Stern gab unserem Bauern Anweisungen, und wir fuhren durch
das Tor einen schmalen Pfad entlang in Richtung einer Ansammlung von Hütten, von denen eine unser neues Zuhause war. Immer
wenn das Pferd stehenblieb, schwang der Bauer die Peitsche. Ich
fing an zu weinen, und wir stiegen vom Karren, um dem Pferd seine
Last zu erleichtern. Die Räder gruben sich in die Erde ein, doch
gelang es dem Pferd aus eigener Kraft, den Karren aus den Rillen zu
ziehen und langsam weiterzutrotten. Das schnaubende, müde, alte
Pferd war froh, an der Rückseite eines hübschen rosafarbenen Holz-
hauses mit einladend geöffneten Türen haltmachen zu können. An
den Seiten des Hauses befanden sich kleine Gärten mit leuchtenden,
wildwuchernden Blumen. Ein Mann mit einer weißen Armbinde
begleitete uns ins Haus. Dort befanden sich viele Leute, und ich
fragte mich, was sie wohl in unserem Haus zu suchen hätten. Bald
wurde mir mitgeteilt, daß wir den Wohnraum mit all diesen Menschen teilen mußten. Der Gedanke berührte mich komisch und erinnerte mich an die Ferien in Palanga, wo viele Kinder zusammen in
einem Raum geschlafen hatten. Der Bauer begann mit dem Auspak-
ken, während es meine Aufgabe war, auf Carmela aufzupassen.
Ich machte mich auf, um die fremde Umgebung zu erkunden. Neben dem Haus standen hölzerne Verschläge wie in Kalautuva sowie
ein vertrauter Brunnen, nur war dieser nicht in Holz eingefaßt, sondern aus häßlichem grauen Zement. Ich spazierte durch den
Dschungel der Vegetation, um die Vorderseite des Hauses zu betrachten, und Carmela ließ ich zurück. Der Garten war plötzlich zu
Ende. Ich sah auf, und ein furchterregender, riesiger Stacheldraht-

42

zaun starrte auf mich herab. (Die Vorderseite unseres Hauses war weniger als fünf Meter von diesem Zaun entfernt – ein seltenes Ereignis im Ghetto.) Ich war gerade im Begriff, mir diesen Zaun näher anzuschauen, als lautes Rufen mich davon abhielt: »Komm sofort zurück!« Ich hastete zurück, während der Mann mit der weißen Armbinde mir eine Lektion erteilte. »Unter keinen Umständen darfst du zur Vorderseite des Hauses gehen«, schimpfte der Mann, und brachte Carmela zum Weinen. Er hob Carmela auf und setzte, von ihrem Schluchzen unberührt, seine Tirade fort: »Du darfst diesem Zaun niemals zu nahe kommen, sonst wirst du erschossen.« Ich verstand nicht genau, was er meinte, aber das Wort »erschießen« erinnerte mich an den blutenden Mann auf der Bahre, von dem die Lehrerinnen gesagt hatten, daß ihn ein Schuß getroffen habe. Ich wollte nicht über und über voll mit Blut sein wie dieser Mann, deshalb hörte ich ganz genau zu. »Auf der anderen Seite des Stacheldrahtzauns patrouilliert ein Soldat. Du kannst froh sein, daß er dich nicht gesehen hat. Er hat Befehl zu schießen; du mußt gut auf deine Schwester aufpassen, darfst sie nicht loslassen und dich niemals, hörst du, niemals dem Zaun nähern.« Da ich Angst bekam, rannte ich ins Haus, um meine Entdeckungsreise lieber dort fortzusetzen. Der uns zugewiesene Teil des Hauses hatte zwei Räume und eine winzige Küche, die gleichzeitig als Eingang diente. Zur Linken befand sich ein schmaler Raum, in dem vier Leute wohnten, und geradeaus lag unser Raum, der etwas größer war und ein großes Fenster hatte, das den Blick auf den verbotenen, häßlichen Zaun freigab.

Der Bauer war gerade damit beschäftigt, Nägel in die Deckenbalken zu schlagen, an denen wir behelfsmäßig Trennwände und Vorhänge befestigen sollten, um den Platz für zwei Familien aufzuteilen. In unserer Zimmerhälfte stand ein Bett an der Wand, das andere paßte zwischen das Ende des Bettes und das große Fenster. Direkt unter das Fenster stellte Mutter unser einziges erlaubtes Möbelstück – eine riesige hölzerne Truhe, die halb so lang wie das Bett und beinahe so lang wie das Fenster war. Wir verstauten in ihr unsere Küchenutensilien und Lebensmittel. Ich saß auf der Truhe und starrte durch die schützende Fensterscheibe auf den uns verbotenen Bereich zu den Soldaten auf ihren Posten jenseits des Zauns. Die Gewehre hatten sie über die Schultern gehängt, und ihre Gewehrläufe waren auf mich gerichtet wie das böse Auge eines Zyklopen. Auf der anderen Seite des Zauns befanden sich keine Häuser, einzig ein riesiges, baumloses Feld, das für mich, die ich hinter dem Zaun eingesperrt war, Weitläufigkeit und Freiheit bedeutete.

Über die L-förmige Anordnung der Betten wurde eine Konstruktion von querhängenden Holzteilen befestigt, die als Ablage für Koffer und ähnliches diente. Die restlichen Koffer wurden unter den Betten verstaut, um uns wenigstens etwas Bewegungsfreiheit zu ermöglichen. Später wurde der Hängeboden über den Betten leichter, da wir alles, was wir besaßen, gegen Lebensmittel eingetauscht hatten. Zum jetzigen Zeitpunkt aber wären wir von der Last der Konstruktion, hätte sie sich gelöst, erschlagen worden. Mir war es verboten, auf dem Bett zu stehen oder die Konstruktion mit den Koffern zu berühren. Ich schlief bei Großmutter, Carmela bei Mutter im Bett.

Die andere Familie hatte einen Küchenschrank, der beinahe so hoch war wie eine Wand und der mit der Rückwand an die Seite unserer Truhe gestellt wurde. Im dunklen Teil ihres Zimmers, gegenüber der Tür, stand ein großes Bett, in dem ein Mann und eine Frau schliefen. Sie baten unseren Bauern, einen Vorhang vor dem Bett zu befestigen, der sie vor den forschenden Blicken der Mitbewohner schützen sollte, die durch die zu jeder Zeit offene Tür sehen konnten.

Nach und nach wurde das Leben zur Routine; wir nahmen unsere alltäglichen Pflichten unter den immer wachsamen Augen der Soldaten auf. Wasser bekamen wir aus dem Brunnen. Im Sommer wuschen wir unsere Wäsche draußen, aber im Winter mußte man eine Menge Wasser über dem Ofen erwärmen. Und da Holz ein seltenes Gut war, konnten wir nicht so häufig waschen, wie wir es uns gewünscht hatten. In Anbetracht dessen wurden Carmela und ich ganz selten in dem dafür vorgesehenen eisernen Behälter gebadet. Statt dessen benutzten wir ein kleines Bassin, in dem mit dem gleichen Wasser anschließend unsere Kleider gewaschen wurden. Großmutter hängte dann unsere Wäsche auf eine zwischen unserem Haus und der Toilette befestigte Leine. Im Winter wurde die Wäsche so steif wie ein Brett und flatterte geräuschvoll im Wind. Die Erwachsenen gingen zum Baden in einen anderen Teil des Ghettos, in ein

44

sogenanntes Dampfbad, und wenn Großmutter und Mutter von dort zurückkamen, sahen sie rosig aus und rochen gut.

Im Winter gefror das Wasser im Brunnen, und man mußte den Eimer mit Wucht herunterfallen lassen, damit die dünne Eisdecke brach. Eine durch verschüttetes Wasser entstandene, gefährlich glatte Eisfläche umgab den Brunnen. Ich hatte Angst vor dem Brunnen und mußte Carmela von ihm fernhalten. Wir kochten nur einmal in der Woche auf einem Herd, meistens am Sonntag, wenn alle Erwachsenen zu Hause waren. Bei kaltem Wetter erfüllte die Wärme das ganze Haus, und ich liebte es, die Ofentür zur öffnen, um die roten Holzscheite brennen zu sehen. Meistens war ich dafür verantwortlich, daß die ganze Wärme entwich. In der Nacht machten der Mann und die Frau hinter dem Vorhang merkwürdige Geräusche. Die Frau schien zu weinen, und ich dachte, der Mann täte ihr weh. Großmutter drehte mich dann immer zur Wand und drückte mir ein Kissen auf die Ohren. Ich fragte mich oft, was wohl in diesem Bett passierte.

Die Hauptquartiere des Judenrats befanden sich an einer abschüssigen Straße des Ghettos, in unmittelbarer Nähe zu den Räumen der Gestapo. In diesen Räumen erteilten der Kommandant und seine Untergebenen Befehle und überprüften die Effizienz des Judenrats und dessen großen Stabs von Polizisten mit den weißen Armbinden. Um ihre Aufgaben waren sie nicht zu beneiden. Als erstes mußten sie immer dafür sorgen, daß alle Befehle der Deutschen strikt befolgt wurden; sie mußten danach sehen, daß die gelben Sterne aufgenäht waren, Bäume nicht gefällt wurden, der Handel über den Zaun unterblieb und vor allem die Flucht der Ghettobewohner verhindert wurde. Manche Ghettobewohner versuchten zu fliehen und waren auch erfolgreich, dies hatte jedoch für die übrigen Bewohner schlimme Folgen. Manche versuchten sogar Radios zu bauen, was strengstens verboten war und mit dem Tod bestraft wurde, wenn man es entdeckte.

Der Handel zwischen den Insassen des Ghettos und den Litauern außerhalb des Zauns florierte. Es gab viele aus Litauen stammende Händler, die, ebenso wie die Juden innerhalb des Ghettos, ängstlich darum besorgt waren, eine Tauschaktion erfolgreich abzuschließen. Es gab aber auch Gauner und Schieber, die ihr Geschäft machten, indem sie nach Erhalt des Tauschwertes Säcke mit Abfall, auf denen zur Tarnung ein großes Stück Fleisch lag, herüberreichten. Einige waren mit den Wachposten im Bunde, deren Aufgabe es eigentlich war, den Handel zu unterbinden. Einmal beobachtete ich eine solche Szene aus sicherer Distanz. Ein Jude hatte gerade Kleidung zum Tausch über den Zaun gereicht, als der Händler schnell aus dem Weg sprang, damit der befreundete Wachposten, der sich versteckt hielt, den Juden erschießen konnte.

Später belauschte ich die Gespräche der Erwachsenen und hörte, wie sie die »Volksdeutschen« heftig beschimpften. Diese waren Balten deutscher Abstammung, die von den Nazis bevorzugt behandelt wurden, dafür, daß sie mit den Nazis zusammenarbeiteten. Viele von ihnen sah man nun in Uniform das Ghetto bewachen, und ob sie wollten oder nicht, waren sie dazu verdammt, die Absichten des Dritten Reichs zu unterstützen. Es war ein hoher Preis, den sie für das zusätzliche Essen zu bezahlen hatten. Manche dieser Männer waren noch brutaler als die Nazis und halfen gerne bei dem schmutzigen Geschäft, ihre einstigen Mitbürger, die plötzlich zu Feinden des Staates erklärt worden waren, einzusperren und zu überwachen.

Der Judenrat drohte, verfolgte und schmeichelte: »Wenn ihr nicht bereit seid, auf uns zu hören, werden die Deutschen bewaffnete Männer einmarschieren lassen, und wir werden Verluste hinnehmen müssen.« Selbst Risikowillige suchten seine Gebote zu befolgen, da der Tod zur Normalität geworden war, seit der Schmuggel geahndet wurde. Den Männern des Judenrats wurde ihr autoritäres Gebaren übelgenommen, denn sie verhielten sich wie eine auserwählte Elite. Ihr Privileg bestand im Besitz spezieller Coupons, mit denen sie in einem eigens dafür vorgesehenen Geschäft in der Nähe des Büros des Judenrats eine größere Auswahl an Waren erstehen und lange Schlangen umgehen konnten. Ihre am schwersten zu bewältigende Aufgabe bestand darin, die enorme Anzahl kleiner Streitigkeiten zu schlichten. Menschen mit vollkommen unterschiedlicher sozialer Herkunft, deren Wege sich unter normalen Umständen niemals gekreuzt hätten, waren hier willkürlich zusammengeworfen worden und mußten sich erst mühselig aneinander gewöhnen. Diebstähle, Beschimpfungen, Streitereien, sogar tödliche, waren an der Tagesordnung.

Eines Sonntags besuchte ich mit meiner Mutter ihre Freundin Tauby. Ein roh aussehender Mann trat uns in den Weg und beschimpfte meine Mutter: »Madame«, schrie er, indem er ihr mit der Faust drohte, »jetzt sind Sie keine feine Dame mehr, hier sind wir alle gleich.« Mutter antwortete ihm nicht. Ich glaube, sie hatte Angst. Als wir weitergingen, sagte sie mir, der Mann habe bei einem Fischhändler auf dem Markt in Kaunas gearbeitet und uns manchmal Fisch geliefert. Ich verstand nicht, warum er so gemein und ausfallend war.

Ein paar Gebäude wurden als Krankenhäuser genutzt. Die räumlichen Bedingungen waren unzureichend und die Ausstattung schlecht; außerdem konnten nur sehr wenige Ärzte vom Arbeitsdienst befreit werden. Es gab dort lediglich die einfachsten Medikamente, dafür aber reichlich Mittel, um Menschen zum Schlafen zu bringen, und manche schliefen dann für immer. Die Krankenwärter nähten Wunden zu, schnitten Blinddärme heraus und erfanden abenteuerliche Schienenkonstruktionen für gebrochene Glieder. Sie taten, soviel unter den gegebenen Zuständen in ihrer Macht stand. Einige Insassen des Ghettos wurden verrückt; die Gewalttätigen unter ihnen brachte man zum Schlafen; die Harmloseren wurden in baufälligen Häusern untergebracht, wo man sie sich selbst überließ. Weiterhin gab es abgetrennte Häuser für Menschen mit ansteckenden Krankheiten. Diejenigen, die überlebten, kehrten zum Menschsein zurück, die anderen nahm der Leichenbestatter mit.

Die Leichenbestatter mit ihren zweirädrigen Karren waren die eifrigsten Arbeiter des Ghettos. Man konnte sie überall sehen, wie sie ihren Karren schoben und die leblosen Körper aufsammelten. Ich sah, wie sie den Körper von Motke mitnahmen. Motke war der Idiot des Ghettos. Die Menschen machten sich über ihn lustig, vor allem wir Kinder. Trotzdem war er freundlich, und die vielen Späße auf seine Kosten schienen ihm nichts auszumachen. Mit seinen Händen war er sehr geschickt, und als ich ihm einmal sagte, daß ich mir Handschuhe machen könnte, hätte ich nur eine Häkelnadel, schnitzte er mir mit seinem Messer eine aus Holz. Im Winter baute er uns wunderschöne Schneeschlösser und erfand Geschichten dazu, aber die meiste Zeit war er einfach verrückt und wanderte allein umher. »Er ist müde und alt«, dachte ich.

Motke wohnte ein paar Häuser entfernt von uns. Sonderbare Menschen lebten in diesem Haus. Die Erwachsenen bezeichneten diesen Ort als Haus des Todes. Es war heruntergekommen, und ein Teil des Daches fehlte. Der Leichenbestatter machte mit seiner Karre voller Leichen dort sehr oft Station, um die Toten einzusammeln. Und dann zogen wieder andere verrückt aussehende alte Leute ein und leisteten Motke in dem Gespensterhaus Gesellschaft.

Wir hatten ihn einige Tage nicht gesehen, als der Leichenbestatter kam, um Motke zu holen. In ein weißes Laken gewickelt, wurde er aus dem Haus getragen. »Sie werden ihn nicht in dem Laken begraben«, meldete sich Haime, der in unserem Haus lebte und ein paar Jahre älter war als ich, zu Wort. »Sie haben nämlich nicht genügend Laken und schleppen ihn eingehüllt bis zu einem großen Loch, in das sie den Körper werfen. Das Laken wird wieder mitgenommen für die anderen Toten. Das Loch ist sehr tief, und wenn es angefüllt ist mit toten Körpern, bedecken sie es mit Erde. Das habe ich selbst gesehen«, sagte er und kam sich dabei sehr wichtig vor. »Und was soll falsch daran sein, junger Mann?« erwiderte der Leichenbestatter, der Haimes Prahlerei mitangehört hatte. »Zumindest wird der Name des Toten auf der Tafel über dem Grab stehen, außerdem hast du vergessen zu erwähnen, daß auch ein Rabbi ein Gebet für ihn sprechen wird. Was ist mit den anderen? Denen, die durch die Kugeln der Maschinengewehre sterben und von denen niemand weiß, wo, wann und ob sie überhaupt begraben werden? Motke wird froh sein, eine Ruhestätte gefunden zu haben, zudem hat er Gesellschaft. Was sagst du dazu, junger Mann?«

An jenem Abend erzählte ich zu Hause, daß Motke begraben worden war. »Gott sei Dank, jetzt hat er endlich Frieden«, sagte Herr Katz, der in dem Haus nebenan wohnte. Er erzählte meiner Mutter, daß er Motke bereits vor dem Krieg gekannt hatte und daß Motke nicht sein richtiger Name war. Vor dem Krieg war er ein berühmter Chirurg gewesen und vermutlich erst Ende vierzig. Einige Menschen verkraften so viele Schicksalsschläge nicht. Er hatte gefesselt und geknebelt zusehen müssen, wie seine Frau und seine Tochter ermordet wurden. Das war ganz zu Anfang der Invasion. Seitdem war er verrückt. Er konnte sich nicht einmal mehr daran erinnern, wer er war oder wie er hieß.

Ein paar Ärzte hatten aus ihrer früheren Praxis noch einige Instrumente. Tagsüber arbeiteten sie wie die meisten Erwachsenen in den Fabriken, aber abends halfen sie ihren Mitmenschen so gut sie konnten. Als ich einmal einen schlimmen Husten hatte, sagte uns der Arzt aus der Nachbarschaft, es wäre Bronchitis. Er nahm einen mit Stoff umwickelten Stock, tauchte ihn in Spiritus, zündete ihn an und hielt ihn in einen kleinen, gläsernen Behälter. Nach kurzer Zeit drückte er den Rand des Gefäßes auf meine Brust. Es war heiß und brannte. Er wiederholte diesen Vorgang überall an meinem Brustkorb, und immer wenn er das Gefäß wegzog, tat es sehr weh. Dasselbe machte er mit meinem Rücken. Der Husten wurde besser, dafür hatte ich nun viele große Brandmale auf der Brust, die erst nach einiger Zeit verblaßten.

Die meisten Erwachsenen wurden zur Arbeit in den städtischen Fabriken gezwungen, die Material für die Kriegsmaschinerie herstellten. Manche wurden ihrer Ausbildung entsprechend eingesetzt, die meisten mußten jedoch in ihnen fremden Bereichen arbeiten. Sie halfen, die Quote des ebenfalls unterdrückten litauischen Aufsehers zu erfüllen. Sie erhielten Nahrung, tauschten Kleidung gegen Lebensmittel und wurden von einigen litauischen Arbeitern ermutigt und mit Nachrichten versorgt. Jeden Tag versammelte sich ein ungeheures Heer auf einem großen, leeren Platz in der Nähe der Ghettotore. Kolonnen wurden gebildet, immer fünf in einer Reihe und je zehn nach hinten, die gezählt wurden und, von einem Wächter in Uniform eskortiert, das Ghetto verließen. Manche, die in der Nähe arbeiteten, gingen zu Fuß. Die Mehrheit aber marschierte zu einem Feld, auf dem Lastwagen warteten, um sie zur Arbeit zu bringen. Hier wurden viele Fluchtversuche unternommen; manchen gelang es, bei den meisten aber schlug der Versuch fehl.

Das Ghetto selbst besaß nur eine einzige, durch eine Steinmauer umgrenzte Fabrik, die »Werkstatt«* genannt wurde. Jede Woche kamen Lastwagen an, gefüllt mit Kleidung von der russischen Front, die die Arbeiter sortieren, waschen, bügeln und stärken mußten. Schuhmacher und Näherinnen waren ebenfalls dort beschäftigt. Die Kleidung wurde ausgebessert, die Socken gestopft, und das,

* Im Original deutsch.

was nicht mehr zu retten war, wurde als Abfall über die Steinmauern den Kindern des Ghettos zugeworfen. Die aussortierten Kleiderfetzen bestanden meistens aus abgelegten Socken. Oft waren nur die Sohlen durchgelaufen; wir schnitten sie ab, trennten den Rest der Socke auf und wickelten die Wolle zu Knäueln mit vielen Knoten auf. Not macht erfinderisch, und selbst die Jungen lernten schnell, aus der Wolle Handschuhe zu häkeln, um ihre Hände warm zu halten.

Großmutter arbeitete als Büglerin in der »Werkstatt«. Ich ging immer früh los, um sie nach getaner Arbeit abzuholen. Ich ging gerne in diesen Teil des Ghettos, wo man eine freie Fläche und Felder sehen konnte. Es war der einzige Ort ohne sichtbaren Stacheldraht. Die Memel war die Demarkationslinie. Man befand sich in einer Art Niemandsland, außerhalb der Grenzen, weshalb dieser Teil des Ghettos besonders streng bewacht wurde. Obwohl der Weg zu der Fabrik weit war, liebte ich es, meine Augen über den wunderbaren Streifen Blau, der den Fluß darstellte, schweifen zu lassen. Er erinnerte mich an unsere Ferien mit Großvater in Kalautuva.

Ich fragte mich oft, wie die Wachmänner, die von weitem aussahen wie Zwerge oder kleine Spielzeugsoldaten, in der Lage waren, zu schießen. Ihre Kugeln waren jedoch tödlich. Wir hörten regelmäßig von Leuten, die zu fliehen versuchten und dabei erschossen wurden. Manchmal sah man sogar Leichen im Gras liegen. Sie blieben dort nicht lange liegen, da die Heumäher kamen und die Körper wegbrachten. Das regelmäßige Mähen war – ausgenommen die Vögel – die einzige muntere Betriebsamkeit. Die Deutschen hatten ganz offensichtlich Angst davor, daß das hohe Gras die Möglichkeiten zur Flucht verbesserte.

Ich beneidete die vielen Vögel, die über das Flußtal flogen. Sie waren die Herrscher über allem und nahmen den Weg, den sie wünschten. Sie breiteten ihre Flügel aus und schwebten majestätisch über dem Ghetto, ließen sich nieder, um zu rasten, eine Weile umherzuhüpfen, auf der Erde herumzupicken und sich schließlich triumphierend zu erheben, den Schnabel voller Würmer. Manchmal spielte ich ein Spiel, in dem ich mir vorstellte, ein Vogel zu sein. Ich sammelte viele Würmer und flog über die Felder, wohin ich wollte. Sobald ich genug gegessen hatte, trug ich so viel ich konnte zu meinen

Küken – genau wie meine Mutter, die mir, so oft sie nur konnte, Essen aus der Fabrik mitbrachte.

Nachdem der Judenrat eine Volkszählung durchgeführt hatte, teilte er Marken als Zahlungsmittel für die Geschäfte aus, die sich hauptsächlich in der Nähe der Ghettotore befanden. Gewöhnliche geschäftliche Transaktionen fanden nicht statt, da wir kein Geld hatten, aber die kostbaren Marken hüteten wir wie unsere Augäpfel. Jeden Tag wurden Nahrungsmittel ins Ghetto gebracht – altbackenes Brot, Buchweizen, faulige Kartoffeln, Weißkohl, Zuckerrüben, gefrorenes Pferdefleisch, angeblich von der russischen Front, und andere Ware, die von den zweitklassigen Bürgern Litauens zurückgewiesen worden war. »Schweinefraß« nannten die Erwachsenen das Brot. »Das Beste des Getreides wurde schon herausgenommen, und wir bekommen nur die Schalen.« Die Ironie dabei war, daß man zu dieser Zeit wenig über den Wert des Korns und der Vitamine wußte, so daß wir zu guter Letzt eigentlich doch das Beste bekamen.

Es bildete sich immer eine lange Schlange vor dem Geschäft, und manchmal, wenn wir endlich an die Reihe kamen, war das Brot gerade ausgegangen. Mütter, die Milch für ihre Kinder brauchten, hatten kaum genug Marken für das Brot. Auch Paraffin, Spiritus, Ersatzkaffee und hin und wieder solche Luxusartikel wie Margarine, Eier und Milchpulver konnte man erstehen. Dafür benötigte man aber eine große Anzahl von Coupons, die Großmutter nur selten bekam, außerdem fehlte es uns dann an Marken für Brot. Carmela bekam Milch, aber ich war ja schon groß. Im Winter waren die Kartoffeln gefroren und hatten einen süßlichen Geschmack; manchmal waren die Zwiebeln verfault, aber das Innere konnte man noch verwenden. Die Kartoffeln schälten wir nie, dafür rieb Großmutter sie sehr gut ab. Die Personen, die allein von den Marken abhängig waren, um sich über Wasser zu halten, hatten nur eine sehr kleine Überlebenschance. Deshalb gab es einen lebhaften Austausch von Wertgegenständen, für die man im Gegenzug Nahrungsmittel bekam.

Die meisten Häuser verfügten über einen Keller, in dem Lebensmittel verstaut wurden. Er hatte die Funktion eines Kühlschranks, und alle Essensvorräte wurden, Sommer wie Winter, dort gelagert. Uns bereitete die Lagerung der Lebensmittel wenig Probleme, da wir schlicht keine Vorräte besaßen. Unser Keller lag unter der Küche; zu erreichen war er über eine Falltür, bei deren Öffnung eine Leiter heruntergelassen wurde. Dort unten waren Regalbretter zur Lagerung von Brennholz befestigt. Aufgefüllt wurden die Regale immer dann, wenn sich die Leute unseres Hauses am heimlichen Fällen eines Baumes beteiligt hatten und die Beute auf die Bewohner verteilt wurde. Der Holzvorrat mußte geheimgehalten und im feuchten Keller versteckt werden, was ein Entfachen des Holzes erheblich erschwerte. Um unser Feuer anzuzünden, mußten wir Paraffin sowie kleine getrocknete Holzstücke benutzen, die ich vom Boden gesammelt hatte. War kein anderes Brennmaterial vorhanden, so wurde ein leerer Koffer zerlegt und dazu benutzt, das Feuer zu schüren. Einige Leute versuchten, einen Tunnel vom Keller aus ins Freie zu graben, und manche hatten Erfolg. Die Keller galten auch als nützliche Verstecke während der gelegentlichen »Aktionen« der Deutschen, die das Ziel hatten, Menschen aus dem Ghetto zu entfernen.

Wenn meine Mutter einen Schal oder Handschuhe mit zur Arbeit nahm, war ich neugierig darauf, was sie statt dessen zurückbrachte. Es konnte geräucherter Schinken, Käse oder gar Zucker sein. Es mußte immer unter ihrem Mantel versteckt werden, da es strengstens verboten war, Waren in das Ghetto zu bringen. Ghettobewohner, die nicht arbeiteten, benutzten andere zu Schmuggeldiensten. Es gab auch etablierte Schmuggler, die den Verkehr über den Zaun regelten. Ein litauischer Händler arrangierte diese Tauschaktionen; wo und wann, hatte er mit einem Wächter, der ein Auge zudrückte, abgesprochen.

Großmutter machte Zwieback aus der Brotration, damit sie länger hielt. Einmal in der Woche wurde der Herd erwärmt, um Fleisch und Gemüse zuzubereiten. Großmutter ließ uns jedesmal nur ein wenig essen, damit es für mehrere Tage reichte. Täglich wurde Buchweizengemüse auf dem Primuskocher zubereitet, manchmal wurden auch Kartoffeln mit Gemüse und einer Spur von Margarine gekocht. Zudem hatten wir die winzig kleinen täglichen Portionen, die Mutter von der Arbeit mitbrachte und die Großmutter gut vor mir versteckte.

Als der Sommer kam, wurden Samen an jedem erdenklichen Ort ausgesät; es begann ein reger Tauschhandel unter den Ghettobewohnern. Werkzeuge und Arbeitskraft wurden im Tausch gegen Nahrung angeboten. Die meisten Lebensmittel erhielt man über den Tauschhandel. Das ländliche, reiche Litauen war selbst nach der Plünderung durch die Invasoren noch immer in der Lage, seine Bevölkerung gut zu ernähren. Nur schöne Kleidung war nicht zu bekommen, so daß wir alles, was wir hatten, im Tausch mit den Bewohnern der an das Ghetto grenzenden Häuser für Nahrungsmittel gaben. Als es wärmer wurde, schlief ich draußen im Garten mit den anderen Kindern, da wir die schmalen Gemüsebeete zu bewachen hatten. Es gab nämlich einige Kinder, die über keine solchen Beete verfügten, und sie waren immer auf Beutezug.

Eines Tages brachte Mutter Samen für Karotten und Zuckerrüben mit, von denen wir einige gegen Samen für weiße Rüben tauschten. Mutter und ich verwandten eine Menge Zeit und Energie darauf, einen Flecken Erde so herzurichten, daß wir aussäen konnten. Die eine Hälfte des Beetes wurde mit Karotten, die andere Hälfte mit weißen Rüben und Zuckerrüben bepflanzt. »Die Zuckerrüben sind ein Segen, denn man kann ihre Blätter abschneiden und essen, und trotzdem hat man später noch die süße Wurzel. Sie schmeckt wie ein Apfel«, sagte Mutter, während sie mit der Handkante Furchen in die Erde zog. Der Gedanke an einen Apfel ließ mir das Wasser im Munde zusammenlaufen; seit einer Ewigkeit hatte ich keinen mehr gesehen.

»Der Garten liegt in deiner Verantwortung, und du mußt dich um ihn kümmern«, ermahnte sie mich. Bald sprossen die ersten Keime aus der Erde. Ich war sehr aufgeregt, als die grünen Spitzen sich ihren Weg durch die karge Erde bahnten, und hoffte darauf, daß vor allem die Karotten schneller wachsen würden. Jeden Tag sprach ich mit ihnen und bat sie, sich doch ein bißchen zu beeilen. Ich entfernte mich niemals weit von meinem Beet. Manchmal tastete ich in der Nacht unter der Erde nach den Karotten, um herauszufinden, ob sie bereits groß genug waren, um gegessen zu werden.

An allem war Frau Katz schuld. Sie hatte mir gesagt, daß Wurzelgemüse ausgedünnt werden müsse, damit es frei wachsen könne. Mein Ausdünnungsprogramm begann. Ich zog eine Karotte, dünner als ein Bleistift, heraus. Dreckig wie sie war, wanderte sie in meinen Mund und schmeckte köstlich. Nun auf den Geschmack gekommen, zog ich wie eine Fledermaus bei Nacht sämtliche kleinen Karotten heraus. Das ging eine Weile so, bis meine Mutter merkte, daß etwas nicht stimmte. »Ich habe doch nur diejenigen herausgezogen, die das Wachstum der anderen behinderten«, verteidigte ich mich, indem ich mit Grauen auf das zerstörte Karottenbeet sah.

Eines Sonntagmorgens war Herr Sacks, der in dem anderen Teil unseres Hauses lebte, besonders aufgeregt. Er hatte eine Kartoffelknolle ergattert und bat uns Kinder, ihm beim Pflanzen zuzusehen. Bevor er anfing, erklärte er uns, daß selbst aus dem kleinsten Stückchen der Knolle eine Kartoffel werden könne. Mit einem großen Löffel grub er tiefe Löcher in sein Beet. (Er hatte sich keine Hacke geliehen, da er eine Gegenleistung hätte erbringen müssen, und er war ein armer Mann.) Wir sahen ihm zu, wie er kleine Stückchen der Kartoffelknolle in jedes der Löcher steckte. Ich fragte mich, warum er die Kartoffel in kleine Stücke brach. Es gab doch so gut wie keine mehr zu essen, warum pflanzte er nicht einfach die ganze Kartoffel und ließ es gut sein damit? Wir sahen einander an, und plötzlich fiel es uns wie Schuppen von den Augen. Mit Bedacht hatte er uns zusammengerufen und vor unseren Augen die Kartoffelknolle gepflanzt. Er wollte sichergehen, daß wir ihm seine Kartoffel nicht stahlen und es sich unter den Kindern der Nachbarschaft herumsprechen würde, daß dort nur eine einzige, zerstückelte Kartoffelknolle unter der Erde lag. Wie dumm die Erwachsenen sein konnten. Es würde ihm recht geschehen, sollte aus seinen Kartoffeln nichts werden.

Überraschenderweise sprossen jedoch die Blätter, und bald sah man Blüten. »Ihr dürft die Blüten nicht berühren, denn sonst hören die Kartoffeln auf zu wachsen und sind im Herbst nicht fertig. Ihre grünen Stiele müssen erst welken und gelb und braun werden«, erklärte er uns, während er im Garten werkelte. Seine Frau, die nicht arbeiten ging, hielt ständig Ausschau nach uns und ließ uns nicht in die Nähe des Kartoffelbeetes. Eines Morgens erwachten wir durch einen furchtbaren Schrei. Herr Sacks wütete und tobte. Wir rannten heraus und fanden ihn in seinem Garten. Er stand da, rang die Hände und schluchzte zwischen den wüstesten Beschimpfungen wie ein kleines Kind. Die Stengel seiner Pflanzen lagen kreuz und quer über dem Beet verstreut. Sie waren herausgerissen worden – und dies ganz bestimmt nicht durch einen nächtlichen Sturm. Wir sahen sehr große Fußspuren, die von keinem von uns Kindern stammen konnten. Klitzekleine Kartoffeln, viel kleiner noch als die Stückchen der ursprünglichen Knolle, lagen lieblos durcheinander. Der Dieb hätte doch wissen müssen, daß die Kartoffeln erst im Herbst, wenn die Stengel braun und trocken wurden, reif zur Ernte waren. Obwohl die Tatsachen gegen ihn sprachen, bestand Herr Sacks darauf, daß Kinder seinen Garten verwüstet hatten. Außerdem beschuldigte er die Kinder der Nachbarschaft, sein Hemd gestohlen zu haben.

»Das sieht eher nach Frau Katz aus«, hörte ich Großmutter sagen. »Ich will ihr ja keine böse Absicht unterstellen. Vielleicht hat sie das Hemd einfach nur genommen, um es gegen etwas Eßbares einzutauschen. Ich danke Gott, daß sie nicht in unserem Teil des Hauses lebt. Was erwartet man auch anderes bei jemandem mit einer solchen Herkunft.« Das einzige, woran ich mich bei Frau Katz erinnere, war ihre rauhe Stimme, ihre kleinen Zähne und ihr häßliches Zahnfleisch, das man immer sah. Sie hatte verkniffene kleine Augen und nützte uns Kinder aus. Sie brachte die Jungen dazu, ihr das Wasser vom Brunnen zu holen oder Holz für sie zu sammeln.

Der Mensch ist sehr anpassungsfähig und gewöhnt sich mit der Zeit an alles. Es gab geruhsame Sonntage, Menschen verliebten sich auch unter diesen Umständen, und die jungen Leute fanden immer neue Anlässe zur Hoffnung. Manche taten sich zusammen, um zu ihrem Gott zu beten, andere wiederum hofften auf einen günstigen Verlauf des Krieges und redeten über Politik. Über die Fabrikarbeiter sickerten Nachrichten von den jüngsten Entwicklungen durch; es gab wilde Spekulationen über den Verbleib der Männer, die zu Beginn der deutschen Invasion zusammengetrieben und abtransportiert worden waren. Viele Gerüchte kursierten, die einen besagten, die Männer arbeiteten in den Feldern, andere, sie seien an die russische Front geschickt worden, um Gräben auszuheben. Manch vertrauenswürdiger Litauer berichtete, sie seien unmittelbar nach der deutschen Invasion erschossen und teilweise noch lebend begraben worden. Einige Männer hatte man angeblich ermordet, da man sie verdächtigte, Kommunisten zu sein, andere wurden aus bloßer Willkür von Vertretern der litauischen Nazi-Partei, die sich durch besondere Grausamkeit vor ihren deutschen Meistern bewähren wollten, ermordet. Ein Priester beklagte von der Kanzel herab die Mißhandlung der Juden, ließ seine Kirchengemeinde für die Seelen der Gemarterten beten und beschuldigte das eigene Volk, den Terror zu unterstützen, da es mit den Mördern zusammenarbeitete. Er drängte seine Gemeinde dazu, den Juden zu helfen und sich zusammenzuschließen, um das Blutbad zu stoppen. Als Priester einer großen Gemeinde hatte er sehr viele Anhänger. Die litauischen Nazis zögerten, ihn zu verhaften, ähnlich wie Herodes' Priester vor zweitausend Jahren es nicht gewagt hatten, den geliebten Rabbi zu steinigen. Wie die römischen Eroberer mußten sich die Deutschen zu guter Letzt selbst die Hände schmutzig machen. »Die Gewässer der Memel sind rot von jüdischem Blut!« rief der Priester noch, bevor man ihn hängte.

Die menschliche Natur ist so beschaffen, daß schlechte Nachrichten nicht immer geglaubt und gute Nachrichten, so unwahrscheinlich sie auch klingen mögen, für wahr gehalten werden. Man muß an etwas glauben, um zu überleben. Es gab nur wenige Gräber – geschweige denn lebende Zeugen – als Beweis des Terrors, so daß die hinter dem Zaun nicht an die Nachrichten glauben wollten, die zu ihnen durchsickerten. Eines Abends kam ein Mann mit einer weißen Armbinde, um Mutter zu besuchen. Ich konnte ihn nicht gut sehen, da die Kerze wenig Licht gab, aber die Art, wie er Mutters Hand küßte, war mir unangenehm. Ich dachte an meinen lieben Vater, an seinen Blick auf dem Bahnsteig, wo er mir auf Wiedersehen gesagt hatte, als ich in Richtung Palanga fuhr. Ich vermißte meinen Vater schrecklich und tat so, als ob ich mit ihm spräche, wie ich es früher mit meinen Puppen gemacht hatte.

Der schreckliche Mann kam wieder; ich konnte die Art, wie er Mutter ansah und berührte, nicht ertragen. Man sagte mir, ich solle ihn Onkel Hans nennen. Ich begann, ihn leidenschaftlich zu hassen. Er hatte gelbe Haare und eine Lücke zwischen den Zähnen. Er versuchte, nett zu mir zu sein, wodurch ich ihn nur noch mehr haßte. Eines Nachts blieb er bei uns und lag neben meiner Mutter. Großmutter versuchte, mein Gesicht zu bedecken, aber ich sah ihn und betete zu den Partisanen im Wald, daß sie kämen, um ihn zu töten, so wie sie es sonst mit den Deutschen machten. Hans Gutmann war aus der Stadt Memel, in Litauen bekannt als Klaipeda, nach Kaunas gekommen. Das Memelgebiet war ursprünglich unter litauischer Herrschaft, hatte aber infolge der ständigen Angriffe durch die Banden teutonischer Ritter seit dem Mittelalter seinen Charakter allmählich verändert. Ein gutes Drittel der Bevölkerung war deutscher Abstammung und sprach deutsch. Nach dem Ersten Weltkrieg wurde das Gebiet von Deutschland annektiert. Dies geschah ungefähr zu der Zeit, als die Nazi-Partei an Rückhalt gewann und viele Menschen, insbesondere Juden, sich beeilten, dieses Gebiet zu verlassen. Manche gingen nach Europa oder Amerika, Afrika oder Australien, die Mehrheit aber kam über die Grenze nach Litauen. Hans war damals ein junger Anwalt, der gerade die Universität beendet hatte. Seine Eltern folgten seinem älteren Bruder in die Emigration nach Amerika, Hans dagegen war begierig darauf, so bald als irgend möglich in seinem Beruf Fuß zu fassen. Deshalb ging er nach Kaunas. Zu Beginn kannte er niemanden, und es war eine harte Zeit für ihn. Schließlich fand er eine Anstellung in der Firma, in der auch mein Vater tätig war. Der Inhaber der Firma war ebenfalls Jude und machte es sich zur Gewohnheit, Hans freitagabends zu sich einzuladen. Hans war ihm sehr dankbar, nur hatte die Sache einen Haken. Dieser Geschäftsmann hatte eine eher unscheinbare, studierte Tochter, die etliche Jahre älter war als Hans. Sie war groß, dürr und jungenhaft gebaut und hatte eine starke Kinnpartie, dünne Lippen, eine lange Nase und eine dicke Brille. Sie fristete ihr Dasein als eine Art Mauerblümchen, das seinen Mangel an körperlichen Vorzügen durch ein vom Vater verordnetes Studium wieder wettmachen sollte. Ließ man sich in diesen Tagen auf ein unscheinbares jüdisches Mädchen aus einer wohlhabenden Familie ein, so konnte man sich auf eine reiche Mitgift freuen. Nach reiflicher Überlegung und dem Versprechen von Hans, in seinem Beruf Karriere zu machen, um sein Einkommen zu verbessern, heiratete er Raja, und sie bekamen eine Tochter.

Wir befanden uns noch nicht lange im Ghetto, als Hans von Mutters Anwesenheit erfuhr. Er war Mitglied des Judenrats und hatte Mutter erkannt, als sie im Büro Essensmarken abholte. Er wußte, daß

Vater sehr früh deportiert worden war, und es gelang ihm, unseren Wohnort im Ghetto ausfindig zu machen. Von diesem Zeitpunkt an kam er regelmäßig. Ich weiß nicht, ob Mutter Hans wirklich mochte, auf jeden Fall wußte sie von seiner großen Bewunderung für sie – offensichtlicher konnte er seine Unterwürfigkeit nicht zur Schau tragen. Vielleicht fühlte sie sich geschmeichelt, zudem hatte der Judenrat eine wichtige Stellung im Ghetto. Ich entnahm den Gesprächen zwischen Mutter und Tante Tauby, daß Tauby sie dazu ermutigte, ihr Verhältnis zu Hans aufrechtzuerhalten, und das nahm ich ihr übel. Jedesmal, wenn er Mutter berührte oder sie zu küssen versuchte, haßte ich ihn in einem schier unbeschreiblichen Ausmaß. Als Großmutter noch da war, lenkte sie mich ab, so gut sie konnte. Später, als Großmutter abgeholt worden war und wir noch nicht in den anderen Teil des Ghettos umgezogen waren, biederte er sich wirklich an und war ein permanenter Besucher. Obwohl er mein Leben gerettet hatte, haßte ich ihn nur noch mehr.

Die meiste Zeit verbrachte ich entweder mit Schlangestehen oder mit der Bewachung unseres Beetes und der Aufsicht über Carmela. Dennoch gelang es mir, Freundschaften mit den Nachbarskindern zu schließen. Ein Junge namens Mischa spielte eines Tages in der Nähe der Ghettogrenze und wurde von einem betrunkenen Soldaten angeschossen. Jeder von uns wußte, daß es verboten war, sich dem Zaun auf fünf Meter zu nähern, Mischa hatte auch weit davon entfernt gespielt. Der Soldat stand da, lachend und taumelnd mit der Flasche in der Hand. Mischa schrie, aber wir wagten es nicht, uns ihm zu nähern, aus Angst, selbst getroffen zu werden. Auch die eintreffende jüdische Ghettopolizei bekam es mit der Angst zu tun, als der Soldat unbekümmert mit seinem Gewehr in der Luft herumfuchtelte. Jemand ging, um das Gestapohauptquartier zu informieren. Der Soldat war inzwischen so betrunken, daß er nicht mehr richtig stehen, geschweige denn zielen konnte. Ein mutiger Polizist hob Mischa auf, der mittlerweile sehr still geworden und über und über mit Blut beschmiert war. »Er ist tot«, sagte der Polizist. Von da an versteckten wir Kinder uns immer, wenn wir einen Wachposten auftauchen sahen.

Es war ein richtiges Heer von Wachmännern, die den ganzen Umkreis des Ghettos kontrollierten. Manchmal beobachtete ich sie vom verschlossenen Fenster aus, wozu ich meinen ganzen Mut zusammennahm und vorsichtig zwischen den Gardinen hervorlugte. Mischas Tod hatte mir sehr zugesetzt, und ich fühlte mich nicht einmal mehr hinter dem Fenster sicher.

Wir waren ungefähr sechs Monate im Ghetto, als Mutters Freundin, Frau Balikenis, es ermöglichte, Carmela aus dem Ghetto zu schmuggeln. Einige Zeit nachdem der Priester gehängt worden war, hatte sich eine geheime Organisation im Umfeld der katholischen Kirche gebildet, die das Ziel hatte, Juden zu helfen, ohne dabei Menschenleben zu gefährden. Die Organisation versuchte hauptsächlich, jüdische Mädchen zu retten, denn jüdische Jungen waren zu leicht zu identifizieren (zu der Zeit wurden im europäischen Raum nur Juden beschnitten). So wurde nur einigen wenigen Mädchen die Erlösung zuteil. Sobald die Tochter einer katholischen Familie unerwartet starb, wurden die Eltern angewiesen, ihr Kind heimlich und in aller Stille zu begraben und keinen Totenschein ausstellen zu lassen. Vermutlich war ein Arzt in die Sache eingeweiht. Der erste Schritt bestand im Herausschmuggeln eines kleinen Mädchens aus dem Ghetto in ein Kloster, in dem es von Nonnen versteckt wurde. Nach dem Tod der eigenen Tochter wurde ein jüdisches Mädchen ähnlichen Alters und gleicher äußerer Beschreibung in die trauernde Familie gegeben. So täuschte man die Deutschen. Die Aktion verlief entsprechend langsam, aber immerhin konnten einige Kinder mit Hilfe eines Urkundenfälschers zu gottesfürchtigen Leuten in Pflege gegeben werden. Die Pflegeeltern mußten hieb- und stichfeste Alibis haben, um sich vor den Denunzianten zu schützen. Ein Kind, das in Pflege genommen wurde, konnte als entfernte Verwandte ausgegeben werden, deren Mutter gestorben oder mit einem deutschen Soldaten auf und davon gegangen war. Solche und ähnlich überzeugende Geschichten sollten die Neugier der Nachbarn befriedigen. Sorgfältig gesponnene Lügen mußten mit der Hilfe und dem Segen des Klerus erfunden werden. Wie alle konspirativen Tätigkeiten war dies trotz aller Vorsicht ein gefährliches Unterfangen, und man setzte dabei viele Menschenleben aufs Spiel. Ein Litauer, der auf seinem Fuhrwerk Brot in das Ghetto lieferte, war ebenso wie der jüdische Kutscher ein Helfershelfer der Organisation. Auf dem Wagen befand sich immer ein Sack Heu für das Pferd, und dieser Sack stellte die Rettung etlicher jüdischer Mädchen dar. Hatte der Wagen sich seiner Lebensmittel entledigt und verließ das Ghetto, so befand sich in dem Heusack ein Mädchen (das, falls es noch sehr jung war, betäubt worden war). An einem vereinbarten Ort jenseits der Ghettoabsperrung wartete ein Mönch mit einem Karren; kam das Fuhrwerk an ihm vorbei, warf der Bauer den Sack in den Straßengraben, der dann von dem Mönch, der wie zufällig die Straße kehrte, auf den Karren geladen wurde. Dieser brachte das Bündel zum nächstgelegenen Kloster, wo die Nonnen sich seiner annahmen.

Eines Tages kam ein Mann zu uns nach Hause und gab Carmela eine Spritze. Kurze Zeit später fiel sie wie eine leblose Puppe um. Der Mann klebte ihr ein Pflaster über den Mund, legte sie in den Sack voll Heu und machte viele Löcher in Höhe ihrer Nase hinein, damit sie atmen konnte. Mutters Freund, Onkel Hans, hüllte den Sack in seinen Mantel und rannte zu dem wartenden Karren. Der andere Mann hielt Mutter fest, damit sie Hans nicht hinterherlief, und versicherte ihr, daß sie nichts zu befürchten habe, daß es Carmela gut gehe und sie sicher im Kloster aufwachen werde. Mutter weinte, bis Hans zurückkam. »Es ging alles gut«, keuchte er, vom Laufen außer Atem. »Ich sah den Karren durch das Tor fahren.« Mir wurde eingebleut, niemandem von Carmelas Verschwinden zu erzählen, selbst meiner besten Freundin Masha nicht. Falls die Erwachsenen mich fragten, sollte ich sagen, daß Carmela vermutlich in den Brunnen gefallen sei. Wenn Kinder auf Carmelas Art verschwanden, so galt der Brunnen als nützliche Ausrede, da er in der Tat manchen von uns zum Verhängnis wurde.

In der Regel arbeiteten alle Erwachsenen, nur Mütter mit sehr kleinen Kindern wurden von der Arbeit freigestellt. Schwarze Schafe findet man überall, und es gab auch im Ghetto so manche, die in Anbetracht der Situation, aus Neid, Rachsucht oder einfach aus Böswilligkeit die anderen denunzierten. Man mußte sehr vorsichtig sein, da durch einen eigenen Fehler zu viele Menschenleben gefährdet werden konnten. Aber meiner Schwester Carmela hatten sie Leben und Freiheit geschenkt, indem sie sie aus dem Ghetto gewissermaßen hinausgezaubert hatten. Und schließlich ließ Frau Balikenis die Nachricht von der wohlbehaltenen Ankunft Carmelas und ihrer allmählichen Eingewöhnung im Kloster meiner Mutter bei der Arbeit zukommen.

Nachdem Carmela weg war, ich also nicht mehr auf sie aufpassen mußte, hatte ich mehr freie Zeit. Ich verbrachte zwar nach wie vor viele Stunden mit Schlangestehen, aber mir blieb nun die Möglichkeit, meine Entdeckungsreisen auszudehnen und neue Freundschaften zu schließen. Ein ganzes Stück von uns entfernt lebte Mutters Freundin Tauby. Ihre Tochter Luba konnte ich nicht ausstehen, sie nörgelte und stahl, aber es gab in ihrer Nachbarschaft viele Jungs und Mädchen, die sich dort trafen und sich Geschichten erzählten.

Mutters Freundin, Tauby Langman, war die Tochter eines reichen Industriellen und hatte eine Schule in der Schweiz besucht. Sie hatte Mutter als Kind nicht gekannt, und unter normalen Umständen hätten sich ihre Wege auch nie gekreuzt. Ähnlich wie seine Frau war auch Herr Langman der Sohn einer wohlhabenden Familie. Die Reichen gaben sich damals nur mit ihresgleichen ab und mieden jeden Kontakt zur gewöhnlichen Mittelklasse. Als eine Kundin hatte Tauby Mutter kennengelernt und war beeindruckt von ihr. Manchmal hatte sie Mutter zum Tee eingeladen. Grundsätzlich verkehrten sie jedoch in ganz anderen gesellschaftlichen Kreisen, Mutter kannte nicht einmal Taubys Mann. Eine richtige Freundschaft entwickelte sich erst im Ghetto, und Tauby kam nun ständig zu Besuch. Ihr Mann, den die Russen zusammen mit ihrem Vater nach Sibirien deportiert hatten, war vermutlich am Leben und wohlauf. Die Kommunisten hatten die kleinen Fische in die lokalen Gefängnisse, die führenden Industriellen dagegen auf den langen Weg nach Sibirien geschickt. Auch Tauby und ihre Tochter sollten nach Sibirien deportiert werden; unglücklicherweise kam der Krieg dazwischen.

Da die meisten Erwachsenen Zwangsarbeit leisten mußten, blieb das Ghetto tagsüber das Reich der Kinder. Natürlich war der Judenrat stets wachsam, aber abgesehen davon war es unsere Welt. Wie Katzen steckten wir unsere Reviere ab und spielten hauptsächlich mit den Kindern in unserer Straße. Ein großes Feld mit einem tiefen Graben in der Nähe unseres Hauses wurde das von uns Kindern streng bewachte Territorium. Für uns war das Feld Treffpunkt und Spielplatz in einem, und alle Kinder wurden von ihm angezogen, wie die Ratten von der Kanalisation. Es gab dort eine Menge Ratten, manche mit sehr langen Schwänzen, kleine graue und große braune, und sogar schwarze Ratten. Trotz unserer Furcht, vor allem von uns Mädchen, konnte uns niemand von dieser Müllkippe wegbringen. Im Winter war das Feld voller Krähen. Sie beklagten ihr Schicksal und sahen auf dem weißen Schnee noch finsterer aus als sonst. Einige von ihnen wurden Opfer der Jagd und landeten, von einer Steinschleuder getötet, in einem Kochtopf. Die Jungen bauten Schleudern aus Metallstäben oder Zweigen, an denen eine Schnur oder ein Gummi befestigt wurde, die sie aus den Kleidern, die vor der Reparaturwerkstatt lagen, hatten. Sie griffen zurück auf die einfachen Waffen, mit denen schon David den Goliath getötet hatte.

Im Winter war das brachliegende Feld ein gefährlicher Ort, da der dicke Schneemantel die tiefen Spalten und Löcher heimtückisch verdeckte. Man konnte in ihnen spurlos verschwinden und bis zur ersten Schneeschmelze unentdeckt bleiben. Einem Jungen wurde das Feld zur Falle. Er war zu groß, um in den Brunnen zu fallen, so machten sich seine Eltern zusammen mit der Polizei auf, um ihn auf dem Feld zu suchen. Als sie ihn endlich fanden, war er erfroren. Seine Füße hatten sich im Stacheldraht verfangen, ohne daß er sich selbst hatte befreien können. Niemand hatte seine Hilfeschreie gehört. Nach diesem Vorfall waren wir überaus vorsichtig und gingen niemals mehr im Dunkeln dorthin – wir waren nun gewarnt.

Abgesehen von dem Schnee, auf dem unsere bloßen Füße erfroren, war das Feld im Winter sowieso von keinem großen Interesse. Erst wenn der Frühling kam, war es übersät mit allen möglichen Gewächsen – Blaubeeren, Tomaten, Kürbissen und sogar Kartoffeln. Das Feld sah aus wie ein wildwuchernder Garten. Bevor das Ghetto errichtet wurde, diente das Feld als riesiger Abfallhaufen, daher ergänzten nun Küchenreste und keimendes altes Gemüse unsere Nahrung. So ist es eben mit dem Abfall: Was für den einen nur noch Dreck ist, ist für den anderen wertvoll. Auf uns Kinder übte das Feld eine mysteriöse Anziehung aus und war der Ort unserer ergiebigsten Raubzüge. Neben dem Gemüse, das kurze Zeit so verschwenderisch wuchs, lagen Berge von verrostetem Metall, weggeworfene Möbel, die nicht mehr zu gebrauchen waren, Unmengen an zerbrochenem Geschirr und jeglicher sonstiger Abfall menschlichen Daseins.

Wenn das Gemüse und die Kräuter wuchsen, kamen sogar die Erwachsenen, um nach Eßbarem zu suchen; sie sammelten Kartoffeln, Tomaten und Kerbel, mit dem die Großmutter Suppe kochte. Seine Blätter sahen aus wie englischer Spinat, waren aber viel bitterer. Großmutter kochte eine Zuckerrübe in Wasser und ließ die bitteren Blätter in dem Sud ziehen. Ich erinnerte mich, einmal in Kalautuva etwas Ähnliches gegessen zu haben. Obwohl das Gericht damals mit Sahne angedickt wurde, mochte ich es nicht – jetzt liebte ich es.

In Erinnerung an den letzten Winter sammelten wir jedes Stückchen Holz, das wir finden konnten und verstauten es in unserem Keller. Man mußte aufpassen, um sich dabei nicht zu verletzen, da sich viele gefährliche Gegenstände im Keller befanden. Ein Mädchen zog sich an einem rostigen Draht einen tiefen Schnitt zu. Sie blutete sehr stark, und ein Teil ihres Fußes hing weg. Die Ghettopolizei brachte sie in das Krankenhaus, und sie genas, nachdem man ihr einen Teil des Beines amputiert hatte. Seitdem mußte sie am Stock gehen und war uns allen eine Warnung.

Im ersten Frühjahr war Carmela noch bei uns im Ghetto. Da ich auf sie aufpassen mußte, wurde ich davon abgehalten, mir meinen Anteil an der Beute auf dem Feld zu sichern. Ich wußte nicht, was schlimmer war – Carmela von der Müllkippe oder von dem Stacheldrahtzaun fernzuhalten. Sie war so zappelig und immer damit beschäftigt, irgend etwas in die Hand zu nehmen. Manchmal wurde ich sehr ungeduldig mit ihr, und mehr als einmal schlug ich das arme Mädchen, was sie zum Weinen brachte und mir dann leid tat. Sie hatte dauernd Hunger, und ich mußte ihr den größten Teil meines Zwiebacks abgeben. Nicht selten wünschte ich mir, keine Schwester zu haben, auf die man achtgeben mußte.

Es gab viele Tomatengewächse auf dem Feld, die, anstatt Früchte zu tragen, nur blühten. Auch Pilze, Giftpilze, wucherten auf dem Grund. Wir kümmerten uns nicht darum, welche der Pilze nun giftig waren und welche nicht; wir sammelten sie alle und überließen den Erwachsenen die richtige Auswahl. Es gab einen grausamen Jungen in der Nachbarschaft, den wir alle haßten, da er Schmetterlinge fing und sogar aß. Und noch andere Kinder aßen achtlos irgendwelche Pflanzen und starben daran. Deshalb fragten wir immer, bevor wir etwas in den Mund nahmen. Wir saugten an merkwürdigen Gräsern, nur essen durften wir sie nicht, da man von ihnen starke Bauchschmerzen bekam. Ich hätte sie sowieso nicht gegessen, da schon ihr Saft fürchterlich schmeckte.

Wir wurden davor gewarnt, unseren Zwieback auf dem Feld zu essen und hatten die strenge Anweisung, nach Verlassen des Feldes unsere Hände sorgfältig zu waschen, andernfalls würden wir durch Gift oder an einer Krankheit namens Typhus sterben. Die Menschen, die sich angesteckt hatten, versetzte man in einen langen Schlaf, verbrannte ihre Kleider sowie die übrigen Habseligkeiten. Man sagte uns, wir sollten uns vor den Mäusen und Ratten hüten, da man durch ihren Biß Typhus bekommen konnte. Nicht, daß wir unbedingt vor ihnen gewarnt werden mußten, wir machten so oder so einen großen Bogen um alle Nagetiere. Ich sah nicht wenige von ihnen auf meinen Streifzügen, und einmal lief mir eine riesige schwarze Ratte über die Füße. Ich schrie, wie es die meisten kleinen Mädchen unter diesen Umständen getan hätten, aber auch dieses Erlebnis hat mich nicht von den Verlockungen der Müllkippe befreit. Ganz im Gegenteil, ich war noch begieriger darauf als zuvor. Selbstverständlich war ich nun etwas vorsichtiger, aber auf der Müllkippe konnte man noch immer Brennholz und, vor allem im Sommer, zusätzliche Nahrung finden. Wegen der Ratten gab es dort auch viele Katzen. Anfangs schlichen sie um uns herum, um gekrault zu werden, als aber die Nahrungsknappheit zunahm, versteckten sie sich so gut, daß man sie kaum mehr zu Gesicht bekam. Die Katzen waren meist im Stich gelassene, zahme Haustiere, als aber die Einwohner begannen, sie zu fangen, um sie zu essen, wurden die Menschen zu ihren größten Feinden. Einmal beobachtete ich eine junge Frau, die eine Katze zu fangen versuchte, um sie als Haustier zu halten – so dachte ich zumindest. Später mußte ich erfahren, daß die Katze für den Fall, daß sich kein anderes Fleisch auftreiben ließ, in den Kochtopf wandern würde.

Mutter brachte manchmal Schinken von der Fabrik mit nach Hause. Wir nannten ihn »Speck«.* Großmutter wollte mit dem Speck nichts zu tun haben, da er vom Schwein stammte. Immer wenn sie den Speck berührte, kam ein Ausdruck des Ekels in ihr Gesicht, als

* Im Original deutsch.

ob es sich dabei um etwas sehr Schmutziges handelte. Deshalb gab mir Mutter meinen Anteil, sobald sie von der Arbeit kam, damit Großmutter es nicht sehen konnte. In der Regel gab es etwas Eßbares für mich, selbst wenn die Erwachsenen leer ausgingen. Ich muß zugeben, daß es zu der Zeit, als Carmela noch bei uns im Ghetto war, wenig und manchmal sogar gar nichts für mich zu essen gab. »Sie ist noch sehr klein und kann nicht verstehen, daß die Nahrung knapp ist, du dagegen bist ein großes Mädchen und verstehst das«, ermahnte mich Großmutter. Ich war sehr froh, als Carmela herausgeschmuggelt wurde, denn abgesehen davon, daß ich nicht mehr auf sie aufpassen mußte, hatte ich nun auch mehr zu essen. Ich war nicht wirklich böse zu ihr, auch wenn ich sie ein paarmal geschlagen habe. Andere Kinder aber, die mit ihren jüngeren Geschwistern alleine gelassen wurden, da ihre Eltern morgens zur Arbeit mußten, kamen in ernsthafte Schwierigkeiten. Eines dieser Mädchen paßte einen Moment lang nicht auf ihren kleineren Bruder auf, der schnurstracks zum Zaun ging und erschossen wurde. Ihre Mutter gab ihr die Schuld daran und sagte ihr, sie hätte ihren Bruder umgebracht.

Ein anderer Junge brachte wirklich seinen jüngeren Bruder um. Der kleine Junge weinte die ganze Zeit und klagte über Bauchschmerzen und Hunger. Sein älterer Bruder hatte nichts zu essen für ihn und konnte das ewige Klagen nicht mehr aushalten. Er schlug seinen Bruder, der nur noch lauter schrie, er schlug und schlug, bis der kleine Junge aufhörte zu schreien. Er wollte ihn nicht wirklich töten. »Ich wollte doch nur, daß er aufhört zu schreien«, sagte er uns. »Ich wollte nicht, daß er stirbt. Ich bin so unglücklich, daß ich selber sterben will. Ich habe meinen Vater gebeten, mich so zu schlagen, wie ich meinen Bruder geschlagen habe, damit ich auch tot bin. Aber der Vater hat nur angefangen zu weinen, wie eine Frau.« Seitdem saß der Junge immer alleine da und weinte.

Der Mangel an Holz stellte ein ernsthaftes Problem dar; wir sammelten es im Sommer, um uns auf den Winter vorzubereiten. Alle Bewohner unseres Hauses sammelten mit vereinten Kräften, da alle davon betroffen waren. Anders verhielt es sich mit dem Essen, alles Eßbare wurde so gut es ging voreinander versteckt. Die Bewohner unserer Haushälfte gingen tagsüber arbeiten. Anfangs durften Großmutter und andere alte Leute und Kinder zu Hause bleiben, später wurden beinahe alle Erwachsenen zur Arbeit in den Fabriken gezwungen. Nur Kinder, sehr alte Leute und Mütter mit Säuglingen, die niemanden hatten, um auf sie aufzupassen, blieben zu Hause. Ich sollte immer darauf achten, daß die Türe verriegelt war, da sonst andere Kinder einbrechen und Dinge stehlen könnten. In regelmäßigen Abständen mußte ich also nach Hause kommen und nach dem Rechten sehen. Ich fand die Türe jedes Mal verschlossen, aber natürlich konnte man, um in das Haus zu gelangen, auch das Fenster mit einem Stein einschmeißen. Die Erwachsenen waren dumm. Kinder brachen niemals in ein Haus ein, in dem sich andere Kinder, Mütter von Kindern oder alte Leute befanden, da sie Angst davor hatten, bestraft zu werden. Wurden Kinder beim Stehlen erwischt, so sperrte man sie zur Strafe einen Tag und eine Nacht lang ohne Wasser und Brot in einen Keller in der Nähe des Hauptquartiers des Judenrats.

Einige der Häuser waren in so schlechtem Zustand, daß sie einfach zusammenfielen. Das kam der Ghettoleitung dann sehr gelegen, da unter solchen Umständen kein Abrißunternehmen bestellt werden mußte und jeder sofort zur Stelle war, um sich alles Brauchbare, vor allem Bauholz unter den Nagel zu reißen. Es machte keine großen Umstände, den Bewohnern ein anderes Haus zuzuweisen, da man immer und überall mit dem Tod rechnen konnte.

Morgens, sobald die Erwachsenen zur Arbeit aufgebrochen waren, schlichen wir uns in irgendein Haus, um auf jedem verfügbaren Blatt Papier das Kästchenspiel mit Nullen und Kreuzen zu spielen oder über unsere Lieblingsthemen – das Essen und das Ende des Krieges – zu sprechen. Haime hatte von seinem Vater und dieser wiederum von Litauern erfahren, daß die Amerikaner in den Krieg eingetreten und so stark seien, daß sie die Deutschen und alle anderen grausamen Leute töten könnten. Und wir würden dann aus dem Ghetto befreit werden und könnten nach Hause gehen. Ich hoffte so sehr, daß dies bald geschehen würde, da ich endlich meinen Vater und meinen Großvater wiedersehen wollte. Ich beneidete alle Kinder, deren Väter nicht in die Arbeitslager geschickt worden waren. Ein Mädchen brüstete sich damit, daß ihr Vater ihr Schokolade von der Arbeit mitgebracht habe. Wir glaubten ihr nicht, sprachen aber unaufhörlich darüber. Mark, dessen Vater ebenfalls abgeholt worden war, erfand Geschichten. Er erzählte immer von neuem, daß sein Vater für einen bedeutenden deutschen Kommandanten arbeite und deswegen nicht da sei. Falls wir ihn schlecht behandelten, würde der Vater den Kommandanten beauftragen, uns zu bestrafen.

Der selbsternannte Führer unserer Bande war Kiva. Er war größer als die meisten von uns und sehr herrisch; sein Wissen schien grenzenlos zu sein. Mit sicherem Instinkt spürte er immer irgendwelche Nahrungsquellen auf, und in der Regel war er freundlich zu uns. Er erzählte uns von seinem Bruder Mellamed, der aus dem Ghetto geflohen war, um in dem großen Wald bei den Partisanen zu leben, die in der Nacht kamen und die Deutschen angriffen. Ich dachte, daß die Partisanen eine Tierart seien, ähnlich dem Wolf im Märchen, der in den Wäldern lebte. Ich schämte mich, vor den anderen zuzugeben, noch nie etwas von ihnen gehört zu haben. Kiva wollte über den Zaun, um sich seinem Bruder Mellamed und den Partisanen anzuschließen, von denen ich bald erfuhr, daß sie tapfere Männer waren. Wie dumm von mir zu denken, daß es sich bei ihnen um eine Tierart handelte, wo sie doch Menschen waren, die im Wald lebten und die Deutschen bekämpften. Jeder von uns kannte jemanden, der aus dem Ghetto ausgebrochen war, um zu den Partisanen zu stoßen. Oft taten wir so, als ob wir bei ihnen im Wald wären, um uns im Kampf zu schulen und unsere Tapferkeit unter Beweis zu stellen. Aber, um ehrlich zu sein, dachte ich bei dem Wald weniger an die Partisanen als an die Beeren, diese unzähligen süßen, reifen Beeren. Kiva kam zwar über den Zaun, wurde aber auf der litauischen Seite erschossen.

Masha lebte mit ihrer Mutter drei Häuser entfernt von uns, so wie wir nahe dem Zaun. Es gab eine freie Fläche neben ihrem Haus, die als Gemüsegarten genutzt wurde. Im Sommer saß Masha meistens im Garten hinter dem Haus und erzählte mir Geschichten. Sie besaß kein einziges Buch; aber die Geschichten, die sie aus dem Kopf erzählte, waren wie die Geschichten aus einem richtigen Buch. Ich fand sie sogar besser, denn sie erfand sie eigens für mich. Eines Tages saß ich mit Masha im Garten, während sich ein Mann in einem angrenzenden Gemüsegarten zu schaffen machte. Plötzlich hörten wir zwei laute Schüsse, und der Mann fiel hin. Vor lauter Angst wußten wir nicht, was wir tun sollten, und rückten eng zusammen, hielten uns an den Händen und schluchzten. Als wären sie telefonisch benachrichtigt worden, waren die Vertreter des Judenrats sofort zur Stelle. An solche Zwischenfälle gewöhnt, trugen sie auch einen Erste-Hilfe-Kasten bei sich. »Er war doch mehr als fünf Meter vom Zaun entfernt«, sagte ein Polizist. Ich fühlte mich nun etwas sicherer und schlich heran, um zu erfahren, was genau passiert war. Der Wachmann hatte ein schlechtes Gewissen und wiederholte mehrmals: »Es tut mir leid, aber ich habe geschossen, da sich der Mann in meine Richtung bewegte. Erst durch den Schuß ist er hintenübergefallen.« Ein Polizist, vermutlich ein Arzt, besah sich die Wunde des alten Mannes. »Die Kugel sitzt nicht tief und läßt sich leicht aus dem Arm entfernen«, sagte er zu den anderen Polizisten. In der Zwischenzeit wandte sich der verletzte alte Mann an den Wachmann: »Junger Mann, haben Sie nicht gesehen, daß mein Eimer umgefallen war und ich ihn nur aufheben wollte?«

»Nein, ich konnte nicht sehen, was Sie taten. Ich habe nur gesehen, daß Sie sich bückten und auf mich zukamen. Sie hätten ja auch ein Messer in der Hand haben können, um es auf mich zu werfen. Ich wollte nicht so enden wie Victor.«

Kürzlich hatte ein Mann ein Messer nach einem Wachmann geworfen und ihn tödlich getroffen, denn der Mann wollte fliehen, um an einem bestimmten Ort und zu einer vereinbarten Zeit zu den Partisanen zu stoßen. In großer Eile versuchte er ein paarmal über den Zaun zu kommen, doch der Wachmann hatte Augen wie ein Adler, und jedesmal, wenn der Mann gerade versuchen wollte, durch den Zaun zu entkommen, tauchte der Wachmann wieder auf. Der Mann versteckte sich schließlich, um dem Wachmann aufzulauern. Als der Wachmann nahe an ihm vorüberging, warf er das Messer, tötete ihn und floh. Es folgten die üblichen Vergeltungsmaßnahmen an der Bevölkerung; ungeachtet dessen wurde der Mann zum Helden, zu einer Art Robin Hood des Ghettos.

»Sehe ich aus wie ein Messerwerfer?« fragte der alte Mann, der langsam aufstand und auf sein weißes Haar deutete. »Ich bin sicher, daß Sie einen Großvater mit meiner Haarfarbe haben«, fuhr er entrüstet fort. Nachdem die Polizisten den alten Mann weggebracht hatten, bat mich Masha, ihr ins Haus zu helfen. Masha war gelähmt und konnte nur ganz kleine Schritte machen, wobei sie das eine Bein nachzog. Ich mußte mich neben sie stellen, ihr den Stock reichen und an ihrer Seite gehen, damit sie sich auf meiner Schulter aufstützen konnte. Mit Hilfe ihres Stockes konnte sie sich vorwärts bewegen. Beim Treppensteigen benötigte sie meine Hilfe, war sie jedoch einmal im Haus, konnte sie sich alleine weiterhelfen. Masha war noch nicht ganz erwachsen; sie war im Alter der Komsomolmädchen, die uns in dem russischen Ferienlager in Palanga beaufsichtigt hatten.

»Was ist eigentlich los mit Masha, warum kann sie nicht richtig gehen?« fragte ich meine Mutter.

»Als sie klein war, hatte sie eine Krankheit namens Kinderlähmung, und seitdem sind ihre Beine gelähmt.« Mutter erklärte mir, daß Masha ihre Beine nicht so wie wir die unseren benutzen könne. Alle anderen Mädchen und Jungen in Mashas Alter gingen einer Arbeit nach, was Masha aufgrund ihrer Verkrüppelung nicht konnte. So hatte ich die Ehre, eine richtig erwachsene Freundin zu haben. Die anderen lachten mich aus, wenn ich Masha besuchen ging. Sie fanden es kindisch, Geschichten zuzuhören, wo sie doch viel lieber selber welche erzählten. Ich war nicht gerade redegewandt und konnte demnach selten bei den Prahlereien, den Gerüchten und dem Klatsch mithalten.

Masha war ungefähr vierzehn und wußte bereits sehr viel. Ich fragte sie alles mögliche, und sie antwortete weit besser auf meine Fragen, als Mutter es je getan hatte. Sie war eine sehr geduldige Lehrerin und um vieles liebenswürdiger als diejenigen, die ich in der Schule gehabt hatte. Am liebsten mochte ich die Geschichten, die in meinen Ohren wie Musik klangen. »Erzähl mir noch mal die Geschichte von der Memel. Ich möchte sie auswendig können so wie du«, forderte ich. »Das sind keine Geschichten, es sind Gedichte berühmter Schriftsteller. Wenn der Krieg zu Ende ist, möchte ich Schauspielunterricht geben. Ich wäre selbst gern Schauspielerin geworden, aber da ich gelähmt bin, muß es genügen, Unterricht zu erteilen. Und du wirst meine erste Schülerin sein.«

»Verzweifle nicht, kleine Mutter, daß Dein Sohn
fort ist, um sein Land zu verteidigen.

Wie eine kräftige Eiche in einem großen Wald,
wartet er die letzten Tage seines Schicksals ab.
Du aber ringe nicht Deine Hände wie der wütende
Wind, der an den Zweigen der Birke zerrt . . . «

Am meisten liebte ich die Verse über die Memel:

»Die Winde der Memel zwischen Bergen und Tälern . . . «

Ich konnte stundenlang einfach nur dasitzen und ihr zuhören.
Masha war im übrigen die einzige, mit der ich litauisch sprach. Mit
Mutter sprach ich russisch, während sie mit den meisten ihrer
Freunde wie mit dem schrecklichen Onkel Hans deutsch sprach.
Jiddisch war jedoch die übliche Sprache des Ghettos. Manche unter-
hielten sich auch in einer merkwürdig fremden Sprache, die sie Pol-
nisch nannten, von der ich jedoch nur wenige Wörter verstand.
Viele Polen hatten in Litauen Zuflucht gesucht, als der Krieg aus-
brach.
Eines Tages blieb eine der Frauen, die mit Masha im Haus lebten,
wegen einer Krankheit zu Hause. Sie war jedoch nicht zu krank, um
Masha zu beschimpfen. »Du sprichst weiterhin die schreckliche
Sprache deiner Mörder, nur weil du ein paar eingebildete litauische
Freunde hast, die dir über deine Mutter Geschenke zukommen lassen. Das sind alles Nazis und Antisemiten. Was ist mit den Män-
nern, die sie Anfang des Krieges ermordet haben?« Masha hatte sich
nichts vorzuwerfen, und sie konnte, wenn es sein mußte, mindestens
ebenso gut austeilen. Sie schimpfte auf jiddisch zurück. »Glaubst
du, daß alle Juden vortreffliche Menschen sind? Und wie steht es mit
Mayer und den vielen anderen seiner Sorte, die hast du wohl vergessen?«
»Ach, halt den Mund und laß mich schlafen«, war die verdutzte
Antwort.
»Das hat ihr schnell den Mund gestopft«, grinste Masha.
Mayer war ein jüdischer Polizist und Denunziant. Er spionierte für
die Nazis und gehörte dieser stinkenden Brut an, die vor nichts zu-
rückschreckte, solange sie nur ihre eigene Situation verbessern und
sich einschmeicheln konnte. Menschen wie Mayer hatten keinerlei
Prinzipien und keinerlei menschliches Gefühl. Sie waren ohne Mo-

ral und ohne jegliche innere Überzeugung und daher biegsam wie ein Strohhalm im Wind. Mayer bespitzelte viele Personen, darunter hauptsächlich gute Freunde innerhalb der jüdischen Polizei, die ihn fürchteten. Eines Tages ging er jedoch zu weit und bezahlte seine Verbrechen mit dem Leben.

Ein außerhalb des Ghettos arbeitender Mann hatte einmal ein Radio hereingeschmuggelt. Selbstverständlich konnte er nicht das ganze Radio an den Wachposten vorbeischmuggeln, aber nach und nach hatte er alle dazugehörigen Teile, die er kurzerhand in seinem Keller wieder zusammenbaute und installierte. Er hatte nun die Möglichkeit, auf Kurzwelle Radiosendungen zu empfangen, die Nachrichten von den Kriegsschauplätzen brachten. Auf diese Weise erfuhren viele etwas von dem, was in der Welt außerhalb des Ghettos geschah. Mayer und seine Helfershelfer kamen dem Radiobesitzer jedoch auf die Spur und denunzierten ihn bei den Deutschen. In der Folge wurden er und alle anderen Bewohner des Hauses mitgenommen. Kurz darauf verschwand auch Mayer spurlos, und die Polizei suchte überall nach ihm. Masha sagte, daß er ermordet und in die Kanalisation geworfen worden sei. Dem Gerücht zufolge wußten die Polizisten bestens Bescheid und taten bloß so, als ob sie nach ihm suchten. Die meisten von ihnen waren froh, daß jemand Mayer aus dem Weg geräumt hatte.

Masha konnte ich alle meine Sorgen erzählen, und sie schien sie zu verstehen. Großmutter arbeitete in der »Werkstatt« des Ghettos, so daß ich manchmal das Essen zubereiten mußte. Alles, was ich kochen konnte, war *Kasha* oder Haferbrei, nachdem Großmutter es mir beigebracht hatte. Ich hatte jedoch immer Probleme mit dem Primuskocher. Masha zeigte mir, wie ich das Paraffin einsetzen mußte, um den Spiritus anzuzünden, bevor das Feuer wieder erlosch. Ich war entsetzt, als ich hörte, daß Menschen im Ghetto wilde Katzen aßen, die ich auf dem Feld streunen gesehen hatte. »Manche Menschen lassen sich zu allem herab«, sagte Masha. »Ich würde lieber verhungern, als ein Haustier zu essen.« Ich war vollkommen einer Meinung mit ihr.

Für den Fall, daß Menschen, die sich ein Haus teilten, überhaupt nicht miteinander auskamen, mußte die Polizei die Parteien anderweitig unterbringen. Am schwersten war es, mit orthodoxen Juden auszukommen, da sie sich schnell beleidigt fühlten, sobald ihre Gesetze nicht beachtet wurden. Die Orthodoxen trugen lange Bärte und Schläfenlocken und waren selbst im Sommer mit langen schwarzen Mänteln und Hüten bekleidet. Ihre Frauen trugen Tücher, mit denen sie ihr Haar bedeckten. Sie faszinierten mich, da von ihnen selbst inmitten all der Armut, unter der wir so litten, eine heitere Gelassenheit ausging. Ein Mann, der ganz sanfter Natur zu sein schien, fiel mir besonders auf. Seine Augen waren voller Liebe. Es gab keinen anderen im ganzen Ghetto, der so aussah wie er.

Fast jeden Sonntag ging ich mit Großmutter – und wenn Onkel Hans sie einmal nicht aufsuchte, manchmal auch mit Mutter – zu Mutters Cousinen. Ich fragte die Großmutter, warum ich sie nicht vor dem Krieg kennengelernt hätte, als wir noch nicht im Ghetto lebten. Laut Großmutter hatte es familiäre Streitigkeiten zwischen Großvater und seinem Bruder, Onkel Alter, gegeben. Es hatte einer Tragödie bedurft, um das Familiendrama zu beenden. Onkel Alter sah aus wie mein Großvater, nur war sein Bart nicht ganz so grau. Ich vermißte Großvater so sehr. Die Familie des Onkels lebte in einem einzigen Raum. Anna hatte keine Kinder; Leah hatte einen Jungen in meinem Alter namens Lova. Rae und ihr Mann Leon hatten zwei Kinder, ein Mädchen in meinem Alter, die auch Carmela hieß, und einen kleinen Sohn namens Peter.

Bald konnte ich fließend Jiddisch, die *lingua franca* des Ghettos. Da die Sprache deutsche Wurzeln hat, fiel es mir leicht. Die Juden benutzten Hebräisch wie die Katholiken das Latein, und nur im Jiddischen fühlte man sich wirklich zu Hause. Im Grunde handelte es sich um einen auf dem Deutschen basierenden Dialekt; Anleihen aus dem Russischen, Litauischen, Polnischen und Hebräischen gaben dieser Sprache ihre besondere Note. Waren wir unter uns, so sprach meine Mutter weiterhin russisch mit mir. Manchmal sollte ich meinen Namen schreiben und mich in den Buchstaben üben. Gab es kein Papier, übte ich draußen, indem ich Buchstaben mit einem Stock in den Sand schrieb. Ich hatte wieder viele neue Wörter wie »Gestapo«, »SS« und »Totenkranz« – das war das Emblem mit dem Totenkopf und den gekreuzten Knochen auf den Schirmmützen der SS – gelernt.

Eines Tages gab es eine neue Verordnung, die wie gewöhnlich auf Flugblättern verteilt und als Plakat in den Lebensmittelgeschäften ausgehängt wurde. Die Verordnung betraf den folgenden Montag, an dem sich alle Bewohner, anstatt wie gewohnt zur Arbeit zu gehen, am Tor des Ghettos einzufinden hatten. Die Kranken sollten dorthin getragen werden. Ausnahmen wurden nicht gewährt. Haussuchungen waren vorgesehen, um sicherzugehen, daß alle dem Befehl Folge leisteten. Menschen, die zurückgelassen wurden oder sich zu verstecken suchten, sollten kurzerhand erschossen werden. Wir sollten Handgepäck und Nahrung für einen Tag mit uns führen. Die Verordnung löste einen Tumult aus und gab Anlaß zu unglaublichen Spekulationen. Nachrichten vom Fortgang des Krieges waren durchgesickert, und außerdem wurde von Ghettos in Deutschland gesprochen, die man »Konzentrationslager« nannte. Man ging den Judenrat um nähere Informationen an, doch auch er wußte sehr wenig darüber zu sagen. Er bestätigte aber immerhin das Gerücht über die Konzentrationslager.

An diesem frostigen Montagmorgen im Spätherbst – es wurde gerade hell – versammelten sich die Menschen nahe den Toren des Ghettos. Ich fand es sehr lustig, all die Menschen in eine Richtung gehen zu sehen, wie die Ameisen, die einem Ameisenhügel entgegenströmen. Eine schwere und unheilverkündende Atmosphäre lastete auf uns, als wir mit unserem kleinen Handgepäck verloren an den Toren warteten. Verwirrte Menschen blickten sich mit fragenden Gesichtern an, als wollten sie sagen: »Und was jetzt?« Ängstliches Geflüster und das unaufhörliche Weinen der Kinder durchbrachen die Stille des Morgens.

Die meisten der Arbeiterinnen und Arbeiter waren daran gewöhnt, sich schnell und ruhig zu sammeln, um zur Arbeit zu gehen. Aber diesmal war es anders. Wir mußten lange Reihen bilden und wurden, in planvoller Ordnung eskortiert, zur Eile angetrieben. Nachdem wir eine Weile gegangen waren, kamen wir auf ein Feld, an dem bereits andere Menschen ordentlich aufgereiht standen. In einiger Entfernung saßen Soldaten in Lastwagen mit ihren merkwürdig großen Gewehren. »Von diesem Ort aus gehen wir normalerweise zur Arbeit«, sagte Mutter. Das Areal war voller Soldaten, dazwischen die versammelte Mannschaft des Judenrats, die durch ihre Geschäftigkeit an eilfertige Bienen erinnerte. Onkel Hans entfernte sich nie weit von uns und winkte Mutter. In der Mitte standen auf einer hölzernen Plattform, wie Schauspieler auf einer Bühne, die Offiziere des Dritten Reichs in ihren mit Medaillen übersäten Uniformen. Wie Petrus am Tor zum Himmel schienen sie das Recht zu haben, durch einen Wink ihres Stockes über das Schicksal von Menschen zu entscheiden. Und das Schlimme dabei war, daß sie es tatsächlich taten. Auf dieser Bühne wurde ein Drama über Leben und Tod gespielt, nur waren die Zuschauer auch gleichzeitig die Opfer.

Unzählige Soldaten in grüner Uniform waren um uns herum. Die Morgensonne warf ihr Licht auf die Medaillen und auf die Totenkränze der Soldatenmützen. Das zurückgespiegelte Licht leuchtete auf wie eine Fackel. Ein hochgewachsener Mann hatte einen Kommandostab in der Hand. Jede Kolonne mußte an der Plattform vorbeiziehen, von der aus der Mann mit dem Kommandostab die Menschen in zwei verschiedene Richtungen schickte. Wurden Familien getrennt, so begannen die Menschen zu schreien und zu weinen. Konnte die jüdische Polizei sie nicht auseinanderbringen, fielen Schüsse.

Eine Zeitlang war es still. Mir kam es so vor, als ob wir bereits eine Ewigkeit auf dem kahlen, nackten Feld stehen würden. Ich hatte Hunger, nahm meinen Zwieback heraus und begann zu essen. Manchmal hörte man ein Geräusch wie das summender Bienen, das in der Menge anschwoll, bis der Laut durch Schüsse, die über unsere Köpfe hinweg peitschten, erstarb. Danach herrschte eine unterträgliche Stille, und nur die Kinder trauten sich zu weinen. Mutter preßte meine Hand und weinte leise. Sie hatte keine Tränen in den Augen, aber ich fühlte, wie ihre Schultern bebten. Ich wußte nicht, was um mich herum geschah. Alles war so seltsam. Noch nie hatte ich so viele Leute auf einem Haufen gesehen. Warum weinen die Leute nur, und wieso reißt man die Familien auseinander und erschießt sie? Warum schicken sie nicht einfach eine Familie nach da und die andere nach dort? Ich fragte mich, wo sie wohl alle hingingen. Diese große Menschenmenge sah aus wie eine geschlagene Armee, die nun ihr Los zu tragen hatte. Die meisten ließen es geschehen, daß so über sie verfügt wurde; sie standen da wie das Vieh vor der Schlachtbank. Nur ein paar schwarze Schafe versuchten zu entkommen, aber wurden von einem Kugelhagel daran gehindert.

Als unsere Kolonne an die Reihe kam, wurden die Leute begutachtet und manche nach links, andere nach rechts geschickt. Der Mann mit dem Stab bedeutete mir, ich solle mit Oma gehen, Mutter ging in die andere Richtung. Mir machte es nichts aus, mit der Oma zu gehen, ich liebte sie und schlief immer bei ihr. Im Grunde liebte ich sie sogar mehr als Mutter, vor allem dann, wenn Onkel Hans, von dem die anderen Kinder sagten, er wäre ihr Geliebter, zu Besuch kam – das machte mich ganz verrückt. Ich haßte ihn und sie. Großmutter hatte mich immer abgelenkt, wenn er sie küßte, und manchmal, wenn Onkel Hans Mutter in unserem Zimmer aufsuchte, nahm die Großmutter mich mit nach draußen und unterhielt sich mit mir.

Wir folgten den anderen. Ich drehte mich gerade noch einmal um, als ich plötzlich aufgehoben und durch die Luft gewirbelt wurde – und mich unversehens wieder neben meiner Mutter befand. Ich sah, wie Onkel Hans schwer atmend wegrannte. Er mußte mich also über die Kolonne hinweg zurückgetragen haben. Bis heute frage ich mich, wie ihm das gelungen ist. Wenn dir dein größter Feind das Leben rettet, kann das zu einem wirklichen Problem werden.

Als die Aufteilung beendet war, wurde unsere Gruppe zurück in das Ghetto gebracht, während die anderen am Feld stehenblieben. Die Menschen waren zu betäubt, als daß sie auch nur ein Wort hätten herausbringen können. Doch kaum hatten sie die Ghettotore erreicht, brach ein Höllenlärm los. Menschen rannten schreiend und klagend in ihre Häuser. »Wo haben sie Großmutter hingebracht?« fragte ich Mutter. Sie befahl mir, still zu sein, rang ihre Hände und schluchzte. Ich hatte sie bisher nie in einer solchen Verzweiflung gesehen. Die Grüns, die das große Bett unseres Hauses bewohnten, versuchten, sie zu beruhigen. Ich war müde, konnte aber nicht schlafen. Ich vermißte Großmutter, denn man konnte sich in kalten Nächten so gut an sie, die so sanft und warm gewesen war, herankuscheln und dabei von ihr hebräische Gebete lernen. Ich war immer ungeduldig und wollte die Gebete nicht hersagen. Aber jetzt sagte ich sie alle auf und wünschte, sie könnte mich an dem Ort, an den man sie gebracht hatte, hören. Schließlich schlief ich ein.

Die Arbeiter hatten für den Rest des Tages freibekommen; die Erwachsenen verbrachten den Tag unter Tränen und mit Gesprächen. Viele Kinder, die in unserer Nachbarschaft gewohnt hatten, waren nicht mehr da. Auch zwei Bewohner unseres Hauses sowie Herr und Frau Sacks waren weg. Tante Anna kam, um Mutter mitzuteilen, daß Onkel Alter mitgenommen worden war; sie umarmten einander und weinten. Ich wußte nicht, was passiert war und warum so viele verschwunden waren. Ich wünschte, mein Vater wäre hier, da er mir immer alles so gut erklärt hatte – Mutter erklärte niemals etwas. Ich hatte Hunger, aber es gab keine Großmutter mehr, die mir Haferbrei kochte, so blieb mir nur der Zwieback. Abends besuchte Onkel Hans Mutter, um sie zu trösten. »Mach dir keine Sorgen«, sagte er, »sie haben nur die alten und kranken Menschen, die nicht mehr arbeiten können, mitgenommen. Es waren zwar auch jüngere Menschen darunter, aber die wirkten auf den ersten Blick alt und krank. Ich bin ganz sicher, daß sie denjenigen, die noch stark genug zum Arbeiten sind, nichts antun werden. Sie haben beinahe ein Drittel der Ghettobevölkerung mitgenommen. Die Selektion geschah so überstürzt, daß sie sie noch einmal aussieben und dabei feststellen werden, daß Queeny noch kräftig genug ist. Was ich allerdings nicht verstehe«, fügte er hinzu, »ist, warum sie Mütter mit kleinen Kindern, die nicht arbeiten können, verschont haben? Man muß wohl ein Genie sein, um das Vorgehen der Gestapo zu verstehen. Sie haben große Kinder mitgenommen, Renata hast du zum Glück behalten.«

»Hans, ich habe mich nicht einmal bei dir dafür bedankt, daß du Renata gerettet hast.« Sie umarmte und küßte mich und erlaubte mir, bei ihr zu schlafen. »Du hast doch bestimmt Hunger«, sagte sie und kochte mir einen Haferbrei. Zum ersten Mal haßte ich Onkel Hans nicht, obwohl ich immer noch davon überzeugt war, daß ich, wenn ich mit Großmutter gegangen wäre, Mutter Nachricht hätte geben können, wo sich Großmutter aufhielt.

Einige Tage nach der »Aktion« besuchte ich mit meiner Mutter einen Rabbiner, der im Haus der Orthodoxen wohnte. »Du mußt beten und hoffen«, riet er Mutter. »Gottes Wege stellen wir nicht in Frage«, sagte er, als Mutter sich beschwerte und die Deutschen verfluchte. Ich habe nicht richtig verstanden, was sie ihm sagte, er aber wies sie zurecht: »Sprich niemals schlecht, sorge dafür, daß deine

Gedanken gut sind, und du wirst belohnt werden.« Er tröstete sie, und seine Frau brachte uns eine Tasse Kamillentee. Sie hatte die Kamillenpflanze selbst gezüchtet. »Es tut mir leid, aber das ist alles, was ich euch anbieten kann. Die meisten von unseren Leuten sind ebenfalls mitgenommen worden. Alles, was ich sagen kann, ist: Lebt in Frieden, und Gott wird euch segnen.«

Ich war eigentlich viel eher mit Mutters Verwünschungen einverstanden. Ich wollte Gott darum bitten, meinen Vater und meine Großeltern zu uns zurückzubringen, uns mehr zu essen zu geben und aus dem Ghetto zu entlassen. Die Augen des Rabbiners hatten jedoch einen Ausdruck, den ich nie zuvor gesehen hatte. Es war reine, bedingungslose Liebe. »Bleibt für das Abendgebet«, drängte er uns. Sie beteten sehr lange und wiegten ihre Körper dabei hin und her. Ich dachte, sie tun das, um größer und immer größer zu werden, bis sie irgendwann an Gott heranreichten. Schließlich verabschiedeten wir uns und bekamen Gottes Segen mit auf den Weg. Zum ersten Mal seit dem Krieg hörte ich meine Mutter singen. »Was singst du?« fragte ich. »Ich singe nicht, ich bete. Komm, bete mit mir«, sagte sie. Ich konnte den Text nicht, deshalb summte ich nur die Melodie mit.

Da Großmutter fort war, mußte ich nun das Wasser vom Brunnen holen. Der Eimer war an einer langen Kette befestigt, die um ein großes Stück Holz gewunden war. Das Holz wiederum war an in die Erde eingegrabenen und sich gegenüberliegenden Baumstämmen befestigt. Eine Kurbel am Ende des Holzstücks mußte im Uhrzeigersinn gedreht werden. Ich mußte die Kette vorsichtig herunterlassen, damit sich nur etwas Wasser im Eimer sammelte, da er sonst zum Hochziehen zu schwer würde. Während ich die Kurbel festhielt, mußte ich nach dem Eimer greifen, und dabei hatte ich immer Angst davor, in den Brunnen zu schauen. Ich fürchtete mich vor dem kleinen Gnom, der, wie ich mir vorstellte, auf dem Grund des Brunnens lebte. Er erzählte mir, daß viele Kinder bei ihm lebten und es dort wunderschöne Felder, Tiere und Vögel gab, die lieblich sangen. Die Kinder waren dort sehr glücklich, es war warm, und sie hatten genug zu essen, sogar Süßigkeiten. Ich hatte wirklich Angst, daß der Gnom mich in Versuchung führen könnte, ihm dort Gesellschaft zu leisten. Einmal wäre ich ihm beinahe erlegen, rannte letztlich aber schnell davon. An diesem Abend erzählte ich meiner Mutter von dem Gnom. Sie sagte mir, ich solle nie wieder auch nur in die Nähe des Brunnens gehen; sie würde von nun an dafür sorgen, daß es immer Wasser gäbe. Sie erzählte es den anderen im Haus, und sie holten den Arzt. Er sagte mir, ich würde mich deshalb so fühlen, weil ich Höhenangst hätte. »Da unten ist kein Gnom, aber eine bestimmte Kraft«, war seine Erklärung. »Nimm dich in acht vor steilen Hängen und hohen Fenstern.« Das war auch kein großes Problem, da es innerhalb des Ghettos weder Hügel noch hohe Häuser gab, aber ich mochte die Art, wie die Erwachsenen Dinge erklärten. Das Paar hinter dem Vorhang machte noch immer die merkwürdigsten Geräusche in der Nacht, und jetzt, da Großmutter fort war, lugte ich manchmal durch den Vorhang, um zu sehen, was dahinter vorging. Sie küßten sich, und der Mann legte sich auf die Frau und schob sich hin und her. Die Frau schrie, als ob ihr etwas wehtun würde. Eines Morgens – Mutter war nicht zu Hause – spähte ich wieder einmal durch den Vorhang, als ich ausrutschte und eine Tasse vom Regal fiel. Der Mann sprang aus dem Bett, fing mich ein, legte mich übers Knie und drosch auf mich ein, bis ich ihn anflehte aufzuhören. Aber damit war der Ärger noch nicht zu Ende. Neben einem wunden Hintern, der die ganze Nacht schmerzte, mußte ich meiner Mutter Rechenschaft darüber ablegen, warum ich so neugierig war. Das brachte mich in den Ruf einer Schnüfflerin, aber das Paar machte weiterhin seltsame Geräusche. Der Name der Frau war Freda, und sie nannte ihn Manfredchen, ein Kosename, der mich ärgerte, da ich es albern fand, Erwachsenen Kindernamen zu geben. Er war groß und dünn, trug eine Brille und sagte nie ein Wort. Ich zog es vor, ihn den »häßlichen Manfred« zu nennen.

Eines Tages suchte Freda ihren Haarkamm überall und konnte ihn nicht finden. Es war an einem Sonntag, kurz nachdem Großmutter fort war. Der häßliche Manfred hielt mich fest und beschuldigte mich, Fredas Kamm gestohlen zu haben, und obwohl er später in ihrem Bett gefunden wurde, hielten sie es nicht für nötig, sich bei mir zu entschuldigen. Masha war auch nicht mehr da, und ich hatte niemanden, mit dem ich über das ganze Theater reden konnte. Nach der »Aktion« lebten nur noch zwei Personen in dem Zimmer nebenan – eine Dame mit ihrem Sohn, der bereits erwachsen war und arbeitete. Jeden Sonntag besuchte sie ein Polizist. Er ließ seine Schuhe draußen vor der Tür stehen, blieb eine kurze Zeit, zog seine Schuhe wieder an und ging wortlos. Eines Tages belauschte ich aus einer Ecke ein Gespräch, in dem die Dame meiner Mutter erzählte, daß sie, nachdem ihr Mann gestorben war, viele Formalitäten zu erledigen gehabt hatte. Sie hatte sich ratsuchend an den Polizisten gewandt, der vor dem Krieg ein Anwalt gewesen war. Sie hatten sich verliebt und hatten seitdem eine Affäre. Ich wußte nicht, was eine Affäre war, folgerte aber, daß es damit zu tun haben müsse, die eigenen Schuhe vor der Tür stehen zu lassen.

Mit dem Schwinden der Bevölkerung ergriff man Maßnahmen zur Verkleinerung des Ghettos. Wir mußten in einen anderen Teil des Ghettos umziehen, da sich unser Haus auf dem Gebiet befand, das den Litauern zurückgegeben werden sollte. Mutter fand ein Haus in der Nähe von Tauby. Auch ihre Freundin Mara lebte in der Nähe mit ihrem kleinen Mädchen namens Beata, nach dem ich sah, wenn die Erwachsenen sich unterhielten.

Mara war seit langer Zeit mit Mutter befreundet; sie hatte denselben sozialen Hintergrund. Beide waren sie gebildet, so wie man es von den Frauen ihres Standes erwartete. Ich kann mich nicht daran erinnern, ihren Mann, der viel älter und ein arrivierter Wissenschaftler war, je gesehen zu haben. Sein Photo hing über ihrem Bett, und die Augen dieses Mannes wirkten so, als ob sie mich, egal wo ich stand, beobachten würden – so wirklich und lebendig sah er aus. Vielleicht hatte das damit zu tun, daß sich die meisten Menschen des Ghettos nicht mehr an der Behaglichkeit von Familienphotos erfreuen konnten, und es deshalb eine große Seltenheit war, ein solches Bild an der Wand hängen zu sehen. Mara arbeitete nicht, sondern blieb zu Hause, um sich um Beata, die einzige Freude ihres Lebens, zu kümmern. Mutter nahm für sie Kleider mit in die Fabrik, um sie einzutauschen, und auch andere Leute taten ihr gegen ein kleines Entgelt einen Gefallen. Mara war es gelungen, eine Menge kleiner Wertgegenstände in das Ghetto hinüberzuretten, da sie früher reich waren, und so brauchte sie nicht, wie andere Mütter, zu hungern. Ich liebte Mara wegen ihrer sanften Natur und ihrem liebevollen Verhalten. Für mich war sie eine vorbildliche Mutter; sie liebkoste ihre Tochter und spielte ständig mit ihr.

Unser neues Haus befand sich in einer Häuserzeile, und leider fehlte ein Garten, in dem wir Gemüse anbauen konnten. Es lag nicht weit von der »Werkstatt« entfernt, und man konnte über die Memel sehen. Im Flußtal unter uns stand der Zaun, dem ich niemals nahe kam, da es verboten war, bis an den Rand zu gehen. Jeder, der in das Blickfeld des Wächters geriet, wurde erschossen. Niemals wagte ich mich weiter als bis hinter die außenliegende Toilette, aber dort zu stehen und auf die Memel zu schauen war mein größtes Vergnügen. Ich hatte ja Augen und das Recht zu sehen. Es war ein Hochgenuß, den grünen Landstrich auf der anderen Uferseite zu betrachten. In der Entfernung schimmerten die Farben der Mohnblumen in der hellen Sonne zu mir herüber. Die Vögel zogen ihre Kreise und waren glücklich darüber, daß sie so uneingeschränkt und frei fliegen konnten. Manchmal tat ich, als ob ich ein Vogel wäre, breitete die Arme aus, flatterte wild mit den Armen und machte einen Sprung, damit es so aussah, als ob ich flöge. Die einzigen Vögel, die ich nicht mochte, waren die Krähen. Es gab eine Menge von ihnen um unser neues Haus herum; für mich waren sie mit ihrem traurigen Krächzen die Verkünder des Unheils. Ich fand sie häßlich; unangenehm stachen sie vom weißen Schnee ab wie schwarze Hexen, die Rat hielten über das Ausmaß des kommenden Unglücks. Ich haßte sie so sehr, wie ich alle anderen Vögel liebte. Die anderen Vögel beachteten uns nicht, da wir zu arm waren, um Brotkrumen für sie auszustreuen und ihnen keinen Grund zum Singen gaben. Wir boten keinen freudigen Anblick.

In der Nähe unseres neuen Hauses hatte ich einmal eine Menge Freunde gehabt. Die meisten Kinder waren mit Großmutter fortgegangen, nur ein paar wenige waren geblieben. Glücklicherweise war der neue Zaun erst errichtet worden, als bereits der erste Schnee lag, was ein Segen war, da für unseren Umzug weder Pferde noch Karren zur Verfügung standen. Wir funktionierten unsere Koffer zu Schlitten um und zogen sie mit einem Gürtel. Die meisten unserer Koffer waren mittlerweile fast leer, und Onkel Hans trug die Matratzen. Wir betraten eine große Küche, in der eine Familie lebte. Einmal mehr wurde unser Raum in der Mitte durchgetrennt. Fünf Menschen lebten bereits dort. Uns wurde die dunkle Ecke des Zimmers zugewiesen – die Fenster waren an den Seiten, wo die fünf anderen wohnten. Die große Truhe wurde wie in dem früheren Haus aufgestellt, so daß die Fläche zwischen dem Schrank und der Ecke uns gehörte. Die übliche Ablage über dem Bett zur Aufbewahrung der Koffer sowie die Vorhänge waren bereits ordnungsgemäß angebracht.

Ein Junge in meinem Alter namens Simon, seine Mutter, seine Großmutter und Tante Ethel lebten hier. Tante Ethel war eine wichtige Arbeiterin und besaß einen speziellen Arbeitsnachweis. Menschen mit einem solchen Nachweis waren von den »Aktionen« ausgenommen, da sie als unverzichtbare Arbeiter angesehen wurden. Sie trugen die speziellen Papiere, die auf ihren Status hinwiesen, immer bei sich. Vor dem Krieg war Ethel Zuschneiderin in der größten Herrenbekleidungsfabrik der Stadt gewesen, und nun wurden ihre Muster für die Kleiderwerkstatt, in der deutsche Uniformen hergestellt wurden, verwendet.

Mutter riß in unserer Ecke die lose Tapete von den Wänden, und als sie damit fertig war, sah der Raum aus wie ein Schlachtfeld. »Sie brüten unter der Tapete«, sagte Mutter. »Sie«, das waren Wanzen, widerliche kleine Blutsauger, die sich tagsüber versteckten, um in der Nacht an uns zu saugen. Es wurde zu meiner Aufgabe, die Störer in unseren Matratzen aufzustöbern. Bald konnte ich ihre Eier aufspüren und zerquetschen. Zunächst mochte ich es nicht. Es war langweilig, aber immer noch besser, als sich nachts blutig zu kratzen. Wenn ich erfolgreich war, gab Mutter mir einen Löffel Zucker zur Belohnung. Schließlich fand ich sogar Gefallen an der Jagd auf Wanzen. Es machte Spaß, eine Wanze und ihre Brut zu finden und zu töten. Ich bekämpfte sie eifrig, so daß ich Freunden gegenüber bald prahlen konnte: »Wir haben keine Wanzen mehr im Bett, ich habe sie alle umgebracht.« Mutter sorgte dafür, daß ich einmal in der Woche unsere Matratzen, Decken und Kissen inspizierte, wobei mir immer ein paar entwischten. Aber in der Regel konnten wir in Frieden schlafen; die Ungeheuer waren bezähmt.

Bei unserem neuen Haus hatten wir kein Gemüsebeet. Zu der Zeit war es verboten, zu graben und zu pflanzen, abgesehen davon hatten wir sowieso keine Gelegenheit dazu, da die Erwachsenen in der Morgendämmerung zur Arbeit gingen und nach Sonnenuntergang zurückkehrten. Einen Vorteil genossen wir allerdings – fließendes

Wasser. Ich mußte mir also keine Sorgen mehr darüber machen, in den Brunnen zu fallen. Im Winter waren die Leitungen zugefroren, so sammelten wir den Schnee und ließen ihn schmelzen. Unser Hinterhof war winzig, so daß es auf ihm kaum Schnee gab, aber wenn wir uns beeilten, konnten wir den neuen unberührten Schnee von der Straße klauben und den Matsch den anderen überlassen.

Im Frühling und Sommer sprossen wilde Blumen, um uns von unserem Elend abzulenken. Sie kannten ihre Jahreszeiten. Nach dem langen Schlaf über den kalten Winter freuten sie sich, geweckt worden zu sein; wie kleine Kinder, die gefallen möchten, zeigten sie sich der Sonne in ihren schönsten Kleidern. Ich wünschte mir, eine Blume zu sein, aber als ich mich an meine schlechte Angewohnheit erinnerte, fand ich, daß das wohl doch keine so gute Idee war. Wahrscheinlich war das alles jetzt eine Strafe dafür, daß ich immer so böse zu den Blumen gewesen war; ich hatte ihnen Leiden zugefügt, indem ich sie aus der Erde zog. Seitdem habe ich nie mehr Blumen gepflückt.

Eines Abends, als Onkel Hans meine Mutter besuchte, entschloß ich mich, Luba, die einige Häuser weiter entfernt wohnte, aufzusuchen. Draußen kam mir eine hochgewachsene Dame entgegen, zog ein Photo aus der Tasche, hielt es mir hin und beleuchtete es mit ihrer Taschenlampe. Ich erkannte Onkel Hans auf der Stelle; sie fragte mich, ob ich ihn kenne und wüßte, wo er sich aufhalte. Ich nahm sie bei der Hand, führte sie in unseren Raum und war beunruhigt, als sie anfing zu schreien. Ich rannte hinaus. Dann rannte sie ebenfalls hinaus und kurze Zeit später Onkel Hans hinterher. Das war das letzte Mal, daß ich ihn gesehen habe. Mutter war zwar etwas verwirrt, mußte aber trotzdem über die ganze Sache lachen. Ich hatte sie seit dem Fortgang der Großmutter nicht mehr lachen sehen. Es war schön.

Wir Kinder lungerten weiterhin vor der »Werkstatt« herum und hofften auf alte Socken und Wollreste. Schließlich ließ ich es jedoch sein, da ich keine Zeit mehr zum Häkeln hatte. Durch die geringere Einwohnerzahl veränderten sich unsere Lebensbedingungen. Ich hörte ein Gespräch der Erwachsenen mit an, das von den Verlusten und Niederlagen der Deutschen handelte. Es herrschte Erleichterung und gleichzeitig die Angst vor Vergeltung. Die Menschen hatten Angst davor, in die Lager zu kommen, da es mittlerweile allgemein bekannt war, daß die von den Selektionen Betroffenen in solche Lager geschickt worden waren. Es war die Rede von Gaskammern. Die Menschen im Ghetto organisierten Gottesdienste und Fluchtmöglichkeiten.

Ich hatte neue Wörter gelernt: Dachau, Eichmann und Auschwitz. Dann hörte ich eines, das ich auf Anhieb verstand. Es war die Rede von einem Aufstand in Warschau. Ich erinnerte mich an einen Bericht unserer Lehrerin über einen Aufstand in Wilna, der Hauptstadt von Litauen. Sie erzählte, es gäbe die zwei Hauptstädte der zwei Bezirke Aukstaitia und Zamaitia, den beiden Gebieten Litauens. Kaunas war die Hauptstadt des einen, Wilna die des anderen Gebietes. Ich konnte mir nie merken, welche Stadt zu welchem Gebiet gehörte, aber die Lehrerin hatte erklärt, ein Aufstand bedeute, daß Menschen gegen die unterdrückenden Herrscher rebellieren und sie besiegen, und – Lehrerinnen wissen alles.

Für die Bewohner des Ghettos war das Arbeiten wichtig zum Überleben, denn es bedeutete immerhin eine gute Mahlzeit. Ob man es jetzt einen dünnen Eintopf oder eine dicke Suppe mit Fleisch, Gemüse und einem Kanten Brot nannte: Es war lebenserhaltende Nahrung, von der die meisten Menschen abhingen. Diejenigen, die nicht arbeiteten, konnten von einem solchen Luxus nur träumen. Selbst wenn man krank war, ging man zur Arbeit, in der Hoffnung, daß eine vom Chefarzt oder von der Krankenschwester der Fabrik verabreichte Medizin das Leiden linderte. Handelte es sich um eine schwerwiegende Krankheit, wurde den privilegierten Arbeitern, deren Tätigkeit von erstrangiger Bedeutung für die Fabrik war, Bettruhe verordnet und ihnen Arbeitsnachweise ausgestellt. Bevorzugte Arbeiter waren diejenigen mit einmaligen Fertigkeiten, welche von den Deutschen als unabdingbar für die Kriegsmaschinerie angesehen wurden. Es handelte sich dabei um ausgebildete Fachkräfte, deren Fähigkeiten nicht durch litauische Arbeiter ersetzt werden konnten. Solange sie nützlich waren, wurden sie gehegt und gepflegt. Tante Ethel war eine der Schneiderinnen, die das Gewebe zum Nähen von Uniformen zurechtlegte und zuschnitt.

Wie es das Schicksal so wollte, war Tante Ethel an diesem unglückseligen Morgen zu Hause, um sich von einer schweren Krankheit zu erholen. Erste graue Strahlen des Tageslichtes begannen sich ihren Weg durch das Ghetto zu bahnen, und die arbeitende Bevölkerung war längst aufgebrochen. Ich war dabei, mich anzuziehen, um mit Simon zusammen Alla zu besuchen, die ein paar Häuser entfernt wohnte, als ein atemloser Polizist hereingestürmt kam und schrie: »Sie kommen mit Hunden und Lastwagen, um Kinder und alte Leute abzuholen! Versteckt euch, schnell!« Es lag nicht in seiner Pflicht, uns zu warnen, er tat es aus reiner Menschlichkeit. Ethel griff nach ihrem Mantel und rannte hinaus, um zu sehen, was dort vor sich ging. Sie kam sehr schnell zurück, und mit strenger Stimme erteilte sie uns Anweisungen. »Renata, versteck dich unter dem Bett und krieche in die hinterste Ecke. Wenn du auch nur einen Laut von dir gibst, bevor ich es dir erlaube, wird dies dein letzter Tag gewesen sein. Simon, zieh den oberen Strohsack vom Bett und klettere hinein. Ich werde ihn über dich breiten, und du darfst keinen Mucks machen. Wenn dich das Stroh pikst, dein Pech. Du darfst dich auf keinen Fall bewegen.« Ihr Ton war so bestimmt, daß keiner sich eine weitere Frage erlaubte. »Beeilt euch und denkt daran, ich will keinen Mucks hören, nicht einmal lautes Atmen.« Im Nu war ich angezogen und verschwand unter dem Bett. Es war dunkel und muffig, und ich war überzeugt, daß ich irgendwann niesen würde. Ich hörte, wie Ethel Simon mit dem Strohsack zudeckte und er sich beschwerte. »Ja, ich weiß, es ist ungemütlich, aber euer Leben hängt davon ab, daß ihr leise und reglos seid. Ihr werdet hungrig und durstig werden, aber das müßt ihr ertragen. Nicht ein Wort dürft ihr verlauten lassen, keinen Seufzer, sonst werden sie euch auf einen Lastwagen verfrachten, und ihr werdet uns niemals wiedersehen. Beim kleinsten Geräusch werdet ihr erschossen, und ihr wißt, was das heißt.« Ich rollte mich zu einem Ball zusammen und versuchte, mich unsichtbar zu machen; ich dachte, wenn ich die Augen schließe, sieht mich keiner. Da ich von Natur aus ein zappeliges Kind war, mußte ich Mittel und Wege finden, meine Gedanken mit etwas zu beschäftigen, damit ich mich nicht unabsichtlich bewegte. Daß ich erschossen werden würde, konnte ich mir sehr gut vorstellen; schließlich hatte ich Kinder durch Schüsse in der Nähe der

Ghettogrenze sterben sehen. Es waren kleine Kinder gewesen, die unbeaufsichtigt waren, während die Eltern ihrer Arbeit nachgingen. Sie hatten nicht gewußt, was fünf Meter waren, und hatten beim Spielen die Demarkationslinie übertreten. Andere überschritten die Grenze mit Absicht, da sie dachten, sie könnten den Wachmann überlisten. Einige kamen gerade noch davon, andere wurden erschossen. Die Polizei war ständig damit beschäftigt, die Kinder zu warnen und von dem Zaun zu verjagen.

Ich hörte, wie Tante Ethel unsere Truhe öffnete, alles mögliche herausnahm, um es um sich herum zu verstreuen, metallene Becher, Teller, das geliebte chinesische Teeservice – das letzte, was meine Mutter noch von früher besaß. (Es war das einzige Porzellan, das noch übriggeblieben war. Von den ursprünglichen sechs Teetassen gab es jetzt nur noch zwei sowie die Teekanne.) »Ich weigere mich, aus einem Metallbecher zu trinken; ich halte meine Gewohnheiten so lange wie irgend möglich aufrecht«, hatte Mutter gesagt. Mir war es nicht erlaubt, das Porzellan zu berühren. Ich wollte Tante Ethel sagen, daß Mutter sehr böse sein würde, aber ihre strenge Warnung bewahrte mich davor, auch nur ein Wort zu sagen. Nun wurde auch noch unser vielgenutzter, alles andere als sauberer Kochtopf und das übrige Küchengeschirr um mich herum verstreut. Ich verstand nicht, wozu das alles gut war. Erwachsene würden ja nicht unter das Bett gucken; sie überließen das doch immer den Kindern. Es war kalt und dunkel in meiner Ecke. Ich wußte nicht, was vor sich ging, warum sie mich fortnehmen wollten. Ich hatte doch nichts falsch gemacht und immer die Befehle des Judenrats befolgt. Ich versuchte, an die schönen Dinge vor dem Krieg zu denken. Ich wünschte, meine Puppen wären hier. Ich rief mir ihre geliebten Gesichter in Erinnerung und sprach ganz leise mit ihnen. Ich konnte mich noch an alle erinnern, auch an ihre Namen und wünschte mir, wieder klein und in unserem alten Haus oder in Kalautuva zu sein. Dann schlief ich ein.

Ich erwachte durch Rufe, denen lautes Streiten und Schreien folgten. Draußen hörte man Schüsse und Hundegebell. Das kann nicht wahr sein, dachte ich, es gibt doch keine Hunde im Ghetto. Ich war hungrig und hatte Angst. Dann hörte ich laute Fußtritte, die auf das Bett zukamen. Schwere Stiefel erschütterten den blanken Holzbo-

den; Tante Ethel sprach mit den Männern, und aus dem Stimmengewirr hörte ich das Wort »Arbeitsschein«* heraus. Es wurde weiter
gesprochen. Zunächst war es eine Männerstimme, dann sprachen
zwei. Sie sprachen nicht deutsch, sondern russisch. Ich konnte sie
verstehen und dachte einen kurzen Moment, die Russen seien zu-
rückgekommen. Man hatte doch soviel darüber gesprochen, daß die
Russen kommen und uns befreien würden. Ich sah nun die Stiefel
direkt neben dem Bett. Entsetzen packte mich, und ich fühlte mich
wie ein Stein, mit Ausnahme meines Herzens, das mir bis zum Hals
pochte. Von allen beängstigenden Situationen seit Beginn des Krieges war diese die allerschlimmste. Jemand fuchtelte mit einem harten, glänzenden Gegenstand unter dem Bett herum, Teller und Tas-
sen flogen mir entgegen. Der Gegenstand wurde weggezogen, um
erneut und diesmal tiefer unter dem Bett zu stochern. Für den
Bruchteil einer Sekunde war das Bajonett nur um Millimeter von
meiner Nase entfernt. Ich wollte schreien, aber der Schrei erstarb in
meiner Brust. (Seither wurde ich von dem Alptraum geplagt,
schreien zu wollen, ohne daß mir ein einziger Laut über die Lippen
kommt.)
Eine Stimme über den Stiefeln rief: »Nikogo net.«** Ich zitterte vor
Kälte, und meine Beine fühlten sich so an, als wären sie zu Eis geworden. Komischerweise schlief ich wieder ein. Es konnte nicht viel
Zeit vergangen sein, als ich durch verzweifelte Schreie und Klagen,
so wie ich sie noch nie gehört hatte, selbst damals nicht, als Großmutter weggebracht wurde, geweckt wurde. Meine Beine fühlten
sich immer noch taub an, und selbst wenn ich gewollt hätte, wäre es
mir nicht gelungen, sie zu bewegen. Ich hörte, wie Mutter schreiend
in das Haus hereingerannt kam. Nachdem Ethel ihr etwas gesagt
hatte, zog sie mich unter dem Bett hervor, nahm mich in die Arme
und weinte und lachte gleichzeitig. Ich dachte, sie wäre nun, so wie
Motke, verrückt geworden. Sie küßte und umarmte mich so fest, daß
sie mich beinahe erdrückte. Aus der großen Innentasche ihres Man-
tels – jeder hatte sich falsche Taschen in das Futter der Mäntel genäht, um Nahrung in das Ghetto zu schmuggeln, da es verboten

* Im Original deutsch.
** Russisch: »Da ist niemand.«

war, etwas in der bloßen Hand zu tragen – zog sie ein großes Stück gekochtes Fleisch, das Frau Balikenis ihr über die Fabrik hatte zukommen lassen.

Das Ghetto glich einem Horrorszenarium, wie man es nicht einmal aus den mythologischen Tragödien der Griechen kannte. Es gab keinen Vorläufer dieser barbarischen Aktion. Eltern kehrten von der Arbeit zurück, und ihre Kinder waren weg. Den Müttern, die nicht zur Arbeit gingen, waren die Kinder aus den Armen gerissen worden. Dressierte Hunde waren eingesetzt worden, um die Mütter zurückzuhalten, die zusehen mußten, wie ihre Säuglinge angefallen und zerfleischt wurden. Dabei achtete man darauf, daß den gesunden Müttern nichts geschah, da man sie noch zur Sklavenarbeit benötigte. Sie waren jung und konnten noch eine Weile für den Arbeitsdienst verwendet werden. Das Jungvieh wird normalerweise von der Mutter getrennt zum Schlachthaus geführt, warum sollte es dem Menschen anders ergehen, und warum macht er so viel Aufhebens darum?

Der nächste Tag war ein arbeitsfreier Tag; Zeit, um die Wunden zu lecken. Eine seltsame Regung der Großzügigkeit inmitten des Blutbades. Simon und ich gingen nicht aus dem Haus. Offiziell existierten wir ja nicht mehr. Mara, die Freundin meiner Mutter, rannte schreiend, mit blutverschmiertem Gesicht und einem kleinen Schuh in der Hand, in unser Haus. Ein entsetzter und wahnsinniger Ausdruck in ihren Augen entstellte das schöne Gesicht. Mutter versuchte sie zu beruhigen, aber nichts konnte ihre anhaltende, verzweifelte Klage beenden. »Meine Beata«, schrie sie und fing an, meine Mutter zu beschimpfen. »Was weißt du denn schon, deine Tochter ist ja am Leben!« Einige Menschen drehten durch, und einige von ihnen denunzierten sogar nachträglich die Kinder, denen es gelungen war, sich zu verstecken, aber ihre Hinweise wurden glücklicherweise ignoriert. Die Nazis hatten ein perfekt funktionierendes System und machten keine Fehler. Der Befehl hatte gelautet, alle Kinder abzuholen, also konnten auch keine übriggeblieben sein. Die »Kinder-Aktion« war durchgeführt, die Aufgabe erfüllt, die Akten etikettiert und bereits geschlossen. Falls einige dennoch entwischt waren, so würden sie bei der nächsten Aktion ins Netz gehen.

Einige Tage später kam Mara, die Hand umklammerte immer noch den kleinen Schuh, und erzählte die ganze Geschichte. »Ein Soldat versuchte, sie mir aus dem Arm zu nehmen; ich wollte sie nicht loslassen, egal wie fest er zog. Daraufhin rief er einen großen schwarzen Hund mit aufgestellten Ohren, der mir in die Schulter biß. Es tat weh, aber ich ließ Beata nicht los und drückte sie an mein Gesicht, bis sich der Hund in mich und Beata verbiß. Sie begann zu schreien, also ließ ich los und flehte den Soldaten an, dem Hund zu sagen, er solle sie in Ruhe lassen. Er rief den Hund zurück. Beatas Schreie klingen mir immer noch in den Ohren. Sie war blutüberströmt und wurde auf den Lastwagen zu den anderen übel zugerichteten und schreienden Kindern geworfen. Ich hatte nur noch Beatas Schuh in der Hand; es ist das einzige, das mir von ihr geblieben ist.« Den Schuh würde sie von nun an immer mit sich herumtragen. Sie brach in Tränen aus und hob die verletzte Faust, die den Schuh hielt, über dem Kopf, als ob sie gegen jemand Unsichtbaren kämpfte. »Dich gibt es nicht, Du existierst nicht. Du bist eine Schande. Wie konntest Du es zulassen, daß ein unschuldiges Kind umgebracht wird? Wenn Du etwas gegen mich hast, dann nimm mich. Töte mich. Verstümmle mich«, schrie sie immer lauter mit geballten Fäusten. »Gib mir mein Kind zurück. Willst Du Auge um Auge, dann nimm mich!« Mutter versuchte, sie zu beruhigen, und schließlich fing sie sich etwas und ging schluchzend nach Hause.

»Ich frage mich, wie sie es unter diesen Umständen fertigbringt zu arbeiten«, sagte Mutter zu Tante Ethel. Mara arbeitete mittlerweile in der gleichen Fabrik wie Tante Ethel. »Das litauische Personal deckt sie und nimmt ihr eine Menge Arbeit ab.« Ich glaube nicht, daß Mara überlebt hat, nachdem sie ihr Beata genommen hatten. Sie hatten ihren Lebenswillen gebrochen, und allein dieser sture Wille hielt die Menschen am Leben, auch wenn sie den Schlüssel zum Überleben nicht kannten – es sei denn, das Schicksal griff ein und entschied anders.

Ich mußte nun zur Arbeit mitgehen. »Solange man kräftig ist und arbeiten kann, hat man eine größere Überlebenschance«, sagte Mutter. »Du wirst mit mir in der Gummi-Fabrik arbeiten. Ich habe mit der Aufsicht gesprochen, du wirst von nun an den Boden kehren und mußt lernen, deine Arbeit schnell zu erledigen.« Mutter arbeitete in einer Fabrik, in der Gummihandschuhe und Stiefel für die Soldaten hergestellt wurden. Meine Sehnsucht, einmal hinter den Stacheldraht zu gelangen, wurde nun endlich Wirklichkeit. Arbeit bedeutete Freiheit und Gleichheit mit der Mutter, einer Erwachsenen – aber zuallererst bedeutete es mehr Nahrung. Meine Haare wurden nun anders frisiert. Eine lange Haarflechte wurde auf meinem Kopf zusammengeknotet, damit ich größer wirkte; dann wurde ein Schal unter meinem Kinn zusammengebunden. »Du darfst deine Frisur auf keinen Fall verändern«, sagte Mutter, »sie läßt dich größer und weniger kindlich erscheinen.« Es muß wohl Mode gewesen sein, denn Mutter und manche ihrer Freundinnen trugen ihre Haare auf dieselbe Art.

Der Tauchsieder, der aus zwei Eisenstäben mit einem Holzgriff bestand, war bereits in einem Topf voller Wasser für uns alle. Wir hatten das Glück, daß unser Haus noch einen elektrischen Anschluß besaß. Gerade an einem eiskalten Morgen war dies sehr nützlich. Um sieben Uhr abends schalteten sie den Strom im Ghetto ab, und wir benutzten Kerzen und den Primuskocher. »Es ist wichtig, morgens etwas Heißes zu trinken, auch wenn es nur Wasser mit einem Löffel Zucker ist«, sagte Mutter. Der wertvolle Zucker wurde immer vor mir versteckt, und obwohl ich gründlich nach ihm suchte, fand ich ihn nie. Mutter muß ihn in einem kleinen Beutel an einer Schnur um ihren Hals getragen haben.

Es war noch dunkel und deshalb um so aufregender, neben Mutter und den anderen Arbeitern zu den Ghettotoren zu gehen. Menschen strömten aus verschiedenen Richtungen den Toren zu. Gelegentlich wurde leise geflüstert, das auffälligste Geräusch war jedoch das Knirschen des Schnees unter unseren Füßen. In der Nacht zuvor hatte es geschneit, daher war es nicht kalt und die Wege nicht glatt. Wir stießen auf eine Gruppe von Frauen. »Das ist also deine Tochter«, sagte eine Frau. Ich wunderte mich, woher die vielen Menschen wußten, wo sie sich zu sammeln hatten. Wir wurden genau gezählt, während wir die Ghettotore durchschritten; unsere Gruppe von ungefähr 50 Menschen wurde von einer Wache eskortiert. Ich fühlte mich ungeheuer wichtig. »Es ist nicht weit bis zu dem Feld, von dem aus uns die Lastwagen in die Fabriken bringen. Aber du mußt schnell gehen; niemand wird auf dich warten, wenn du zurückbleibst«, sagte die Mutter. Ich hörte gar nicht zu. In einiger Entfernung sah ich ein paar Mädchen und Jungen mit Schulranzen auf den Rücken, die sich mit Schneebällen bewarfen. Sie waren auf dem Weg zur Schule, so wie ich damals vor dem Krieg. Plötzlich wollte ich auch in die Schule gehen und eine von ihnen sein. Ich sah meine Mutter an. Sie schaute ins Leere, ihr Gesicht war starr, und Tränen rannen ihr über ihre Wangen. »Guck nicht zu den Kindern, sondern schau geradeaus«, sagte sie, als hätte sie meine Gedanken gelesen. Eine Frau stieß mich an: »Konzentriere dich auf den Weg, sonst wird dich ein Wachmann schlagen.« Nachdem wir eine Weile gegangen waren, kamen wir zu dem Feld, wo sie Großmutter weggebracht hatten und stiegen auf einen Lastwagen.

Ich wurde zum Fegen eingeteilt und mußte nun den Abfall, der von dem Förderband fiel, zusammenkehren. Jede Frau tat etwas zur Herstellung der Schuhe. Es wurde viel an den Schuhen herumgeschnitten, und die Gänge waren immer übersät mit Abfällen. Alles was ich zu tun hatte, war, mit meinem Besen umherzugehen und zu kehren. Bald machte ich meine Sache sehr gut. Mir gefiel es, den Frauen bei der Arbeit zuzusehen. Die erste Frau spannte einen hölzernen Fuß ein, die nächste befestigte eine Sohle mit reichlich Klebstoff, die dritte zog mit Hilfe eines Geräts das Gummi fest über die Sohle, während die vierte Frau den Schuh mit einem langen Rasiermesser zurechtschnitt. Die große Zina vollführte den letzten Schritt, indem sie ein lustiges, einer Schere ähnliches Werkzeug anlegte und dem Boden weiteren Abfall lieferte.

Am liebsten sah ich Yenta bei der Arbeit zu. Alles, was sie tat, machte sie schnell, zudem war sie wunderschön. Jonas, der Aufseher, bewunderte ihre Arbeit fortwährend und bemühte sich um sie. Die anderen Frauen mochten sie nicht und redeten schlecht über sie. Wahrscheinlich waren sie eifersüchtig, da Jonas ihr immer kleine Geschenke machte. Auch mir gab er bald Süßigkeiten, und ich fand ihn sehr nett. Mich beschimpfte er nie, dafür aber die anderen Frauen, wenn sie etwas falsch gemacht oder zu langsam gearbeitet hatten. »Du mußt besser aufpassen. Du hältst die ganze Arbeit auf, wenn das so weitergeht, wirst du versetzt«, schrie er denen zu, deren Arbeitstempo nachzulassen schien. Das war eine wirksame Drohung, denn sie konnte bedeuten, daß man seine Arbeit und damit auch die zusätzliche Essensration verlor.

Zu Yenta und mir war er jedoch rücksichtsvoll und nett. Eines Tages bemerkte ich, daß Yenta weinte. Die ganze Woche über weinte sie in einem fort, so daß sie ihre Arbeit nicht ordentlich verrichten konnte. Jonas sah sich veranlaßt, sie durch eine andere Frau abzulösen, während er selbst sich neben sie setzte und sie zu trösten versuchte. Die Frauen am Förderband flüsterten miteinander, und ich lernte ein neues Wort: »Schwanger.« In der darauffolgenden Woche hörte sie zu weinen auf, sie arbeitete hart und schnell, sah niemandem in die Augen und sprach kein Wort. Ich fragte mich, was wohl mit ihr los sei. Sie war offensichtlich in einem schlechten Zustand und warf die Produkte auf den langen Tisch, so als sei sie sehr wütend. Als wir nach der Mittagspause an die Arbeit zurückkehrten, war Yenta nicht mehr da. Wir hatten sie während der Mittagspause nicht gesehen, was nichts Ungewöhnliches war, da die Frauen oft über sie und Jonas spotteten. Ich wette, sie waren neidisch, da Yenta eine viel bessere Mahlzeit bei Jonas und den anderen Litauern bekam.

Nach einiger Zeit schickte mich jedoch Jonas in den Waschraum, um nach Yenta zu suchen. Die Waschräume für Juden befanden sich außerhalb der Fabrik; doch gab es dort richtige Toiletten, wie wir sie vor dem Krieg hatten. Ich betrat den Raum und bemerkte als erstes das viele Blut auf dem Boden. Das Rasiermesser, das Yenta zur Arbeit benutzte, lag neben ihr. Ich dachte, sie müsse gestürzt sein und sich dabei verletzt haben. Ich sprach sie an, aber sie antwortete nicht. Und dann war da das ganze Blut. Ich rannte zurück in die Fabrik und schrie: »Bitte, ihr müßt Yenta helfen. Sie hat sich wehgetan, dort ist sehr viel Blut.« Die ganze Fabrik geriet in Aufruhr. Niemand arbeitete mehr, und Jonas weinte wie ein kleines Kind. »Das geschieht ihm recht. Er hätte nicht mit ihr herummachen sollen. Sie ist tot, hat Selbstmord begangen. Es war doch nicht zu übersehen, daß sie schwanger war«, sagte die große Zina, die den Klebstoff auf die Sohlen schmierte.

Ich war entsetzt darüber, daß Yenta tot war. Warum hatte sie sich mit dem Messer verletzt, wo sie doch so gut mit ihm umgehen konnte? Warum hatte sie es überhaupt mit in den Waschraum genommen? Es mußte etwas mit den Wörtern »Selbstmord« und

»schwanger« zu tun haben. Diese beiden Wörter schlichen sich immer wieder in die Gespräche der Erwachsenen ein. An diesem Abend überwand ich mich, meine Mutter zu fragen.

»Was bedeutet Selbstmord?«

»Es bedeutet, daß eine Person nicht länger leben will und ihrem Leben ein Ende macht, so wie es Yenta heute getan hat.«

Ich war zutiefst beunruhigt darüber, daß sich jemand mit dem Messer verletzen konnte; sie mußte wohl etwas verbrochen haben. Das Wort »schwanger« hatte vielleicht etwas damit zu tun.

»Mutter, was heißt denn schwanger sein?« fragte ich.

Sie wurde rot, fing an zu stammeln und antwortete schließlich gereizt: »Das hat etwas mit Kinder bekommen zu tun. Jetzt hör aber auf, mir alberne Fragen zu stellen, du weißt doch alles über den Storch und die kleinen Kinder.«

Das war keine befriedigende Antwort. Ich wußte von den Jungen im Ghetto, daß es den Storch nicht gab und daß die Wahrheit über Kinder mit einem unanständigen Zeichen zu tun hatte, das die Jungen mit ihren Fingern machten. Einmal mehr wünschte ich mir, daß die Erwachsenen nicht immer solche Lügen erzählen würden. Sie gehen wohl davon aus, daß Kinder allesamt Dummköpfe sind. Ich sehnte mich nach meinen Freunden, die ich hätte fragen können, was diese seltsamen Wörter bedeuteten – wären die Nachbarskinder noch da, so hätte ich ihnen sogar die Geschichte mit Yenta erzählen können. Ich war sehr schüchtern und konnte normalerweise wenig zur Unterhaltung beitragen, und ausgerechnet jetzt, wo ich eine interessante Geschichte zu erzählen hatte, war niemand mehr da. So erging es mir meistens.

Ich fragte mich oft, ob die Kinder wohl alle zusammen an einen Ort gebracht worden waren und ob es ihnen dort gut ging. Die Erwachsenen sprachen von einem Lager, und ich hoffte, es wäre dort so schön wie in dem Lager in Palanga. Wie dumm von mir. Es herrschte Krieg, und die Deutschen waren nicht so freundlich wie die Russen, vermutlich mußten sie dort genauso hart arbeiten wie ich. Immerhin waren sie zusammen und konnten sich unterhalten; ich dagegen hatte nur die Erwachsenen, die sich miteinander unterhielten und mich vollkommen ignorierten. Es war so langweilig ohne die anderen Kinder.

Ich mochte meine Arbeit und hoffte darauf, aufzusteigen und bald das Leinen an die Sohlen kleben zu dürfen. Ich liebte es, zur Arbeit zu gehen und gute Sachen zu essen zu bekommen. Für mich gab es nicht bloß ein Schmorgericht und Brot; ich war der Liebling der Fabrik, und die litauischen Arbeiter brachten mir alle Arten von Leckerbissen. Sie konnten nicht der gesamten jüdischen Belegschaft helfen, indem sie sie versorgten, ich aber war ein Kind und deshalb privilegiert. Eine Frau brachte mir auf einem Faden aufgezogene, getrocknete Äpfel, die sie mir um den Hals hing, damit ich immer etwas essen konnte. Eine andere buk mir Kekse, und von Jonas, dem Aufseher, bekam ich Süßigkeiten. Jetzt war ich nie mehr hungrig und nahm sogar zu. Mutter mußte eines ihrer Kleider für mich herrichten, da ich aus den eigenen herausgewachsen war. Eine Frau brachte mir ein neues Kleid, das ihre Mutter für mich genäht hatte; so bestand meine Garderobe nun schon aus zwei Kleidern. Mutter gab die für mich bestimmten Essensmarken an den Judenrat zurück, um mit ihnen kleinere Kinder, die der Deportation entgangen waren, versorgen zu können. Da es sie offiziell nicht mehr gab, bekamen sie auch keine Marken. Zudem waren sie noch zu klein zum Arbeiten.

Ich hatte ein Paar wunderschöne Handschuhe, nicht mehr die häßlichen grauen, die ich mir aus alten Socken gehäkelt hatte. Die neuen hatten viele schöne Farben und waren sogar wärmer. Eine Frau aus der Fabrik hatte sie mir gegeben, und auf sie war ich ganz besonders stolz.

Ich arbeitete bereits seit ein paar Monaten und wurde dabei von den anderen so verwöhnt, daß ich sogar richtig dick wurde. Wenn das die Art gewesen wäre, wie ich unter den Nazis zu leiden gehabt hätte, hätte es durchaus so weitergehen können. Aber es wurde auch wieder anders.

Meine größte Freude war es, vom Feld aus zur Arbeit zu fahren und den häßlichen Umrissen des Ghettos den Rücken kehren zu können. Es war ein Genuß, an normalen Häusern und Straßen vorbeizufahren, selbst wenn dieser Bereich der arbeitenden Bevölkerung Litauens vorbehalten blieb. Man sah Blumen in den Gärten und in den Fenstern, die miteinander um die Aufmerksamkeit des Betrachters buhlten. Aus den Kaminen stieg Rauch, oder spielte meine Phantasie mir einen Streich? Ich war besessen von dem Gedanken an Essen, obwohl ich durch die Arbeit weit mehr zu essen hatte als in früheren Zeiten. Wenn wir früh morgens zur Arbeit fuhren, sah man sehr wenige Menschen auf dem Weg, bloß ein paar Tiere; vielleicht eine einzelne Katze, die träge ihren Rücken nach einem mitternächtlichen Streifzug streckte, oder einen Hund, der bellend die aufgehende Sonne begrüßte, und zwitschernde Vögel.

Kamen wir von der Arbeit, sahen wir die nach Hause kommenden Menschen. Sie bewegten sich frei, konnten gehen, wohin sie wollten und stießen nie an einen Zaun, der ihnen den Weg versperrte. Ich konnte mir vorstellen, in einem dieser Häuser zu leben und keine Jüdin, sondern eine normale Litauerin zu sein. Viele Kinder spielten in den Straßen, und ich beneidete sie, da sie so glücklich aussahen. Die Mädchen malten das »Himmel-und-Hölle«-Spiel auf den Boden oder schoben ihre Puppen im Puppenwagen vor sich her, und außerdem gab es Geschäfte. Verglichen mit unserem Geschäft im Ghetto sahen die mageren Lebensmittelauslagen aus wie die eines Delikatessenladens. Die Frauen unterhielten sich über die Waren, die sie in den Schaufenstern sahen. Kamen wir an den Auslagen einer Fleischerei vorbei, so ergab sich etwa folgendes Gespräch:

»Was würde ich nicht alles tun für ein schönes Stück Fleisch wie dies hier. Ich würde mein Leben dafür hergeben.«

»Sei nicht so leichtsinnig, deine Seele allzu billig zu verkaufen. Denk an Faust, du weißt, wie es ihm dabei ergangen ist. Er wurde bis in die Ewigkeit verflucht.«

»Wenn es Gerechtigkeit gibt, so soll dieser Fluch die ganze deutsche Rasse treffen«, erwiderte eine andere.

»Ich würde mich auch mit den schlechteren Stücken des Bratens begnügen.«

»Red keinen Unsinn. Etwas mehr von dem Pferdefleisch, und ich wäre vollkommen zufrieden.«

»Hört euch das an, die sprechen von unreinem Fleisch. Gott straft uns, da es Leute wie euch gibt, die kein koscheres Fleisch essen«, sagte eine religiöse Frau und brachte die anderen damit zum Schweigen.

Ich genoß auch den Weg vom Feld zurück ins Ghetto, nachdem wir von den Lastwagen gestiegen waren. Zuerst strengte mich das Gehen zwar an, da wir hölzerne Pantinen trugen, aber ich gewöhnte mich daran und marschierte bald so gut wie ein Soldat. Wir passierten ein Haus in der Nähe des Feldes, vor dem beinahe jeden Tag ein Junge am Zaun stand, der uns zusah und uns begrüßte, indem er winkte. Manchmal stellte ich mir vor, daß der Junge mein Bruder sei und ich in dem Haus leben würde.

Im Winter gingen wir früh schlafen, da uns nur wenig Kerzen zur Verfügung standen. Die Erwachsenen sprachen noch bis lange in die Nacht hinein, und ich lag in meinem Bett und lauschte ihren Stimmen. Von ihren Betten aus sprachen sie miteinander, und oft konnte man hören: »Macht es dir was aus, lauter zu reden, ich hab' dich nicht richtig verstanden.« In der Regel schlief ich ein bis zum nächsten lauten Ausruf; obwohl die Geschichten interessant waren, klangen sie mehr wie Überredungsversuche denn wie Gespräche. Ich hielt mir die Ohren zu und durfte keinen Mucks machen, da die Erwachsenen mir sonst befahlen, still zu sein. Sie konnten sich alles erlauben, und obwohl ich jetzt genau wie sie ein arbeitendes Mädchen war, behandelten sie mich wie ein kleines Kind.

Eines Tages war Mutter sehr glücklich. Sie hatte von Frau Balikenis gute Nachrichten bezüglich Carmela erhalten. »Zumindest ist sie wohlauf und glücklich. Gott hat es nicht zugelassen, daß sie der Kinderaktion zum Opfer gefallen ist. Ich glaube, wir müssen ihm dafür dankbar sein«, sagte sie nachdenklich.

Die Belegschaft der Fabrik war gerade in das Ghetto zurückgekehrt und ging ihren abendlichen Verrichtungen, dem Bereiten eines kärglichen Mahles, nach, als ein entferntes Dröhnen die Luft erzittern ließ. Wir stürzten nach draußen, ignorierten die Sirenen und starrten in den Himmel. Wolken verdeckten unsere Sicht, aber wir beteten darum, daß die abendlichen Ruhestörer unsere Befreier waren. »Betet zu Gott, daß es russische Flugzeuge sind und wir bald befreit sein werden«, riefen die Erwachsenen. Mitglieder des Judenrats rannten umher und sorgten dafür, daß die Menschen ihre Kerzen löschten. Ein Verrückter hatte in einem Hof ein Feuer angezündet, das die Polizei mit Wasser löschte. Es war noch nicht einmal dunkel, weswegen ich mich wunderte, daß von Kerzen die Rede war, wo man sie doch so lange wie möglich aufsparte. Man machte sie doch erst an, wenn es vollkommen dunkel war, da man sie nur gegen Marken bekam. Hatte der Verrückte, der das Feuer angezündet hatte, nicht gewußt, daß Holz sehr wertvoll war und daß man es nicht für ein Freudenfeuer hergab? »Ich sterbe lieber durch eine russische Bombe als durch eine deutsche Kugel«, schrie er. Die Polizei sagte, er könne froh sein, daß sie ihn aufgehalten hatten, bevor die Deutschen auf ihn aufmerksam wurden. »Wie kannst du nur so unverantwortlich sein«, riefen sie. »Viele unschuldige Menschen könnten durch dich und deine leichtsinnige Zündelei sterben.«

»Wir werden bald befreit werden«, sagten die Erwachsenen unseres Hauses einhellig. »Es muß ein russisches Flugzeug gewesen sein; daß es bei Tag unterwegs war, ist ein gutes Zeichen. Wir werden in gut einem Monat befreit sein«, sagte Herr Grünblat. »Bis sie bei uns eintreffen, werden wir vermutlich tot sein«, sagte Mutter bitter. Sie sagte oft solche Dinge, aber ich war mir sicher, daß sie das nicht so meinte. Sie machte mir immer Mut. Wenn ich beunruhigt war, sagte sie mir, ich solle stark und geduldig sein, dann würde bald alles wieder so werden wie vor dem Krieg.

»Sie kommen immer näher«, sagte Herr Blum, der in der anderen Hälfte unseres Zimmers wohnte. »Jonas von der Fabrik hat mir erzählt, daß sie nur noch ein paar Kilometer von uns entfernt sind.«

»Unsinn«, schnauzte Tante Ethel, »wir werden ins Lager geschickt oder erschossen, bevor uns irgend jemand retten wird.«

»Sei nicht so pessimistisch. Die Lage kann sich schnell ändern. In ein paar Tagen sind die Russen hier«, mahnte Herr Grünblat.

Doch nichts dergleichen geschah, statt dessen wurde am nächsten Tag eine neue Verordnung erlassen. Das Ghetto sollte aufgelöst, und wir sollten weggebracht werden. Ein trauriges Schicksal ereilte diejenigen, die im Ghetto, das dem Erdboden gleichgemacht werden sollte, ein Versteck suchten. Man hatte nur die Wahl zwischen dem Feuertod oder dem Transport nach Deutschland. So sammelten sich die Menschen wie die Schafe. Die Nazis hatten Befehl, uns woanders hin zu bringen, und sie folgten ihren Befehlen aufs Wort.

Wir trafen Vorbereitungen für unsere Abfahrt. Ich freute mich auf die Reise und verstand nicht, warum alle weinten und Angst hatten, wo es doch alles andere als gut war im Ghetto. Mir würde jede Veränderung recht sein. »Vor allem müssen wir genügend Wasser und den ganzen Essensvorrat mitnehmen«, sagte Mutter, während sie meinen Rucksack voll mit Flaschen, Zwieback und anderem Vorrat packte. Geistesgegenwärtig hatte sie einen behelfsmäßigen Rucksack aus einem Kissenbezug genäht, »damit du die Hände frei hast«. Alles, was wir besaßen, tat sie dort hinein. Sie schnitt die von der Decke hängenden Schnüre durch, welche die Ablage über dem Bett hielten, so daß diese donnernd zu Boden polterte. Sie zog die verknoteten Schnüre durch den Kissenbezug hindurch und band sie mir als Träger um die Schultern. Dann riß sie ein Laken in lange Streifen und wickelte sie um die dünnen Träger. »Auf diese Art werden sie dir nicht ins Fleisch schneiden«, sagte sie. Wir zogen die besten unserer mittlerweile ziemlich heruntergekommenen Kleider an und ließen alles, was wir nicht einpacken konnten – auch Mutters heißgeliebte Teekanne – zurück. Noch vor der Morgendämmerung sammelten wir uns mit unserem Gepäck ein letztes Mal und marschierten durch die Tore, so als gingen wir zur täglichen Arbeit.

Es gab wenige Kinder, nur jene, die sich während der großen »Aktion« hatten verstecken können. Unter ihnen war natürlich die gewitzte Luba – die einzige andere Überlebende unserer Bande. Während der »Aktion« hatte sie sich in der Toilette versteckt. Der Sitz war zerbrochen, sie hatte ihn zur Seite geschoben und war darunter gekrochen. Es sah ihr ähnlich, daß sie auf so eine Idee kam. Mutter sagte, sie könne von Glück sprechen, daß keine Hunde nach ihr gesucht hatten. Wir wurden, wenn wir zur Arbeit gingen, nur von einem Wachmann begleitet, heute aber hatten wir auf Grund des besonderen Ereignisses das Glück, von zweien eskortiert zu werden. Wie eine lange Schlange oder auch wie eine Mai-Parade bewegten wir uns vorwärts. Es wurde allmählich warm, die Sonnenstrahlen berührten uns sanft. Der Frühling kam mit seinen Blumen und Knospen an den Bäumen. Es war schön, endlich wieder Bäume zu sehen – im Ghetto hatten wir ja alle gefällt, um Holz zum Heizen zu haben.

Wir hatten keine Ahnung, wohin wir gingen, aber angesichts der schönen Landschaft war mir das egal. Die Natur hatte eine heilende Wirkung auf unsere Seelen, indem sie uns Hoffnung gab. In den Außenbezirken der Stadt stießen wir zu einer anderen großen Gruppe, die uns auf dem Weg durch das mir so vertraute Kaunas anführte. Auf den Straßen war jedoch kein Mensch zu sehen; die Stadt wirkte völlig ausgestorben. Das einzig Lebendige waren die Vögel, die ungeachtet unseres Unglücks fröhlich weiterzwitscherten. Ich sah eine Katze, die uns vom Fensterbrett aus beobachtete, und im Fenster darunter eine Frau, die sich immer wieder bekreuzigte, so wie es Onute in der Kirche getan hatte. Vorhänge bewegten sich, und wir spürten die verstohlenen Blicke der Leute. Anscheinend war ihnen befohlen worden, in den Häusern zu bleiben. Es war still, das einzige Geräusch war das rhythmische Auftreten unserer Schuhe auf dem Asphalt und die gellenden Kommandorufe der vielen Wachmänner, die uns nun von allen Seiten umgaben. Ein Hund, der die Frechheit besaß, diese Masse von Menschen anzukläffen, wurde mit einer Kugel zum Schweigen gebracht.

Von Stutthof ins Arbeitslager

Wir näherten uns einer Menge Eisenbahngleisen, die kreuz und quer gingen. Der einzige Zug, den ich weit und breit sehen konnte, bestand aus aneinandergereihten Holzkästen auf Rädern. »Das sind Güterwagen, mit denen man Vieh transportiert«, hatte mein Vater mir vor langer Zeit einmal erzählt. Weitere Befehle wurden gebrüllt, und man stopfte uns in die Waggons. Es war grauenhaft und dunkel, Licht sah man nur durch die Ritzen zwischen dem Holz. Die Türen wurden hinter uns zugeknallt. Zusammengepfercht wie wir waren, hatten wir kaum genügend Platz zum Stehen. Es war schlimmer als jeder Viehtransport. Ich wollte mich hinhocken, aber dafür war kein Platz, und der Geruch war widerlich.

Wir schienen eine Ewigkeit unterwegs zu sein, in Wirklichkeit konnte die Fahrt aber nicht länger als einen Tag und eine Nacht gedauert haben. Ich hatte Hunger, und als ich meinen Zwieback aus dem Rucksack gefischt hatte, konnte ich ihn unmöglich essen – er schmeckte nach Scheiße, nach dem ätzenden Geruch, der in der Luft hing. Ich versuchte mich zu beherrschen, aber irgendwann war es unmöglich. Warme Flüssigkeit lief an meinen Beinen herunter, und ich erinnerte mich traurig daran, wie Mutter und Vater mich gelobt hatten, nachdem ich ganz allein aufs Klo gegangen war und die Spülung gezogen hatte. Ich hatte mich sehr erwachsen gefühlt, aber das mußte sich Lichtjahre entfernt von mir vor dem Krieg abgespielt haben. Der Waggon war ein einziges großes Klosett, allerdings ohne eine Kette, die man ziehen konnte. Ich sah, wie die Erwachsenen in die Hose machten, wie sie weinten und stöhnten mit von der Pein entstellten Gesichtern. Dann kam der schlimme Gestank. Warum halten sie den Zug nicht an, damit wir aufs Klo gehen können?

Endlich hielt der Zug. Die Türen wurden aufgerissen, das Tageslicht und die frische Luft schlugen uns entgegen. »Alle raus!« kam der Befehl, und wir kletterten schubsend und schnaubend übereinander, um an die frische Luft zu kommen. Uns wurde erlaubt, im Freien aufs Klo zu gehen; Erwachsene hockten sich ungeniert und allen Blicken preisgegeben auf den Boden. Das Wachpersonal amüsierte sich und hielt sich Taschentücher vor die Nase. Uns wurde befohlen, unsere Haufen zu bedecken, da wir sonst die deutsche Landschaft beschmutzten, und das war verboten. Mir war zum Lachen zumute, als ich den Erwachsenen zusah, wie sie ihre Exkremente mit den bloßen Händen zudeckten. Vor dem Krieg hatte ich nämlich unserer Katze Pasha bei einem ähnlichen Vorgang zugesehen, aber sie tat es mit größerer Anmut und Würde.

Wir marschierten wieder. Ein müdes, stinkendes Bündel von Menschen entfernte sich von den Gleisen und klammerte sich um des geliebten Lebens willen an die letzten Reste des früheren Besitzes. »Wo bringen sie uns hin? Was wird mit uns passieren?« wurde ängstlich geflüstert. Wir kamen an eine Lichtung inmitten von Kiefern, die uns von ihrer erhabenen Höhe herab mit einigem Widerwillen zu mustern schienen. Über die Kiefern hinweg konnte man die gewaltigen Umrisse von Wachtürmen, Stacheldrahtzäune – viel höher als diejenigen im Ghetto – und monströse, gut bewachte Tore mit der Aufschrift

»Stutthof – Arbeit macht frei«

erkennen. »Das muß ein Konzentrationslager sein! Ich habe bisher von Auschwitz und Dachau, aber noch nie von Stutthof gehört«, hörte ich einen Mann hinter uns sagen. Man führte uns hinein zu einem Gelände mit einer Anzahl von Gebäuden. Es gab lange hölzerne Baracken, und dazwischen standen hohe Bauten mit Schornsteinen, die wie Fabriken aussahen. Angesichts der Schornsteine erhob sich sofort ein verzweifeltes Klagen. Die Menschen jammerten durcheinander, aber trotzdem formte sich ein Wort aus dem Stimmengewirr: das Wort Krematorium. Ich wußte nicht, was es bedeutete, erkannte aber, daß wir in Gefahr waren, da meine Mutter fest nach meiner Hand griff.

Stutthof war ein Durchgangsarbeitslager, eine Art Auffanglager, in dem die Feinde des Dritten Reiches zur Sklavenarbeit auf die Felder geschickt wurden, um Gräben auszuheben und andere Arbeiten zu verrichten, die Hitlers glänzendes Reich verteidigen halfen. Das Lager befand sich in der Nähe von Munitionsfabriken und anderen kriegsnotwendigen Einrichtungen und war nicht allein für Juden gedacht. Juden und Zigeuner standen jedoch an unterster Stelle innerhalb der Hierarchie. Wir wurden in »Arten« unterteilt und auf verschiedene Bereiche verteilt, die Juden in das eine, Zigeuner in das andere umzäunte Gelände. Ähnlich wurde auch mit Polen, Russen und politischen Gefangenen verfahren, jede Gruppe hatte ihren eigenen Käfig. Stutthof erinnerte mich durch seine hohen Mauern an das Märchen »Jakob und die Bohnenstange«. Nur war dieser Käfig nicht nur von einem, sondern von einer ganzen Familie von Riesen gebaut worden. Und wir wurden nicht gemästet und umgebracht, da diese Menschenfresser kein richtiges Fleisch, sondern Knochen aßen, und deshalb darauf warteten, daß wir so dünn wurden wie die ausgemergelten Frauen in der Baracke neben uns. Ich dachte, die Wächter seien dazu da, die Riesen darüber zu informieren, wie dünn wir bereits waren. Mir war nicht bewußt, wie nahe ich damit der Wahrheit gekommen bin. Meine Schulzeit war von heute auf morgen unterbrochen worden, und daher stammte ein großer Teil meines Wissens aus den Märchen.

Wir wurden auf einen großen Platz gedrängt, der von einer Anzahl von Bauten umgeben war – das war wohl der Aufnahmebereich. Die Fläche war wohl nicht so groß, wie es meinen Kinderaugen erschien, aber doch groß genug, um die gesamte Ladung des Zuges, der aus Litauen gekommen war, aufzunehmen. Es zeigte eine gewisse Konsequenz, uns in Viehwaggons zu transportieren, da wir längst nicht mehr als Menschen, sondern nur noch als gewinnbringende Fracht angesehen wurden.

Als wir ankamen, gab es eine große Aufregung, da eine Frau tot zu Boden fiel. »Ein Glück für sie«, so fanden einige der Umstehenden. Jemand erzählte, daß sie vor dem Krieg Ärztin gewesen sei und für den schlimmsten Fall eine Kapsel Zyankali bei sich trug. Mir war es unbegreiflich, warum eine Frau über ihren Tod glücklich sein sollte. Ich sah kein Blut und dachte, es sei nur ein dummes Spiel gewesen. Mutter aber sagte nichts und drückte mir die Hand; ich konnte spüren, wie sie zitterte.

»Alle Männer vortreten!«, ertönte der Befehl. In der Reihe vor uns trat ein Mann nach vorne, und seine Frau begann zu schreien. »Hör auf zu schluchzen«, zischte eine andere. »Du kannst von Glück reden, daß du deinen Mann bisher behalten hast. Meinen haben sie mir gleich am Anfang, 1941, weggenommen.« Die wenigen Männer in unserem Abschnitt wurden an einen anderen Ort gebracht, was uns etwas mehr Platz einbrachte; die Selektion ging weiter, nun sollten auch Frauen mit Kindern vortreten. Der nächste Befehl klang etwas milder und schmeichelnder. »Mütter mit Kindern sowie alle Schwächeren erhalten einfachere Arbeiten, und die älteren Kinder sollen Feinarbeit verrichten. Die Starken und Gesunden müssen harte Arbeit leisten.« Das hörte sich irgendwie plausibel an. Viele der Frauen bewegten sich in die für die leichten Arbeiten zugewiesene Richtung. Tante Tauby drängte Mutter, mit ihr in dieselbe Richtung zu gehen. »Um des Mädchens willen«, sagte sie. »Nein«, sagte Mutter, »wir werden die harte Arbeit machen.« Sie rührte sich nicht von der Stelle und hielt mich, als ich Anstalten machte, mit Tante Tauby und Luba zu gehen, eisern fest. Einige noch kräftig wirkende Frauen gingen ebenfalls in die Richtung, in die Tauby gegangen war. Ein Aufseher hielt sie auf und sagte: »Ihr wollt es also einfach haben? Harte Arbeit für euch.« Und Mutter lächelte wissend.

»Stell dich gerade hin, Renata! Und benimm dich genauso erwachsen wie damals in der Fabrik! Sieh zu, daß du die Blicke der Soldaten nicht auf dich lenkst!« Wäre ich ein Junge oder auch nur ein Jahr jünger gewesen, wären wir damit nicht durchgekommen. Mein Leben hing an einem dünnen Faden. Als ich mich umsah, bemerkte ich, daß in der Tat die stärksten und zur Arbeit geeigneten Frauen um mich versammelt standen. Nachdem die anderen abgeführt worden waren, brachte man uns zu einem Steinbau. Unser Gepäck mußten wir in einem Raum mit einem langen Tisch abgeben. Der Raum war bis obenhin voll mit übereinandergestapelten Koffern und Säcken, in Türnähe stand ein weiblicher Soldat. Ich hatte noch nie einen weiblichen Soldaten gesehen und beobachtete die Frau vorsichtig, um nicht aufzufallen, wenn wir an der Reihe waren, durch die Tür zu gehen. Sie guckte Mutter an und fragte sie, ob sie Deutsch spreche. Mutter bejahte und sagte, sie spreche es fließend. Der weibliche Soldat gab einer Frau in einem gräßlichen blau-graugestreiften Kleid Instruktionen.

Im nächsten Raum mußten wir uns ausziehen. Wir standen nun splitternackt da und schämten uns. Es gab keine Möglichkeit, sich zu verstecken, und unser Stolz verbot es uns, die Augen zu heben, um die anderen nicht zu beschämen. Jede von uns wurde gründlich untersucht, die Frauen mußten sogar eine innere Untersuchung über sich ergehen lassen. Als weitere Erniedrigung wurden ihnen alle Kopf- und Körperhaare entfernt. Nur Mutter und einige der anderen schönen Frauen blieben davon verschont. Eine nach der anderen mußte in den Raum hinter einen Vorhang gehen. Als ich an die Reihe kam, sah mich die Frau in dem häßlichen, gestreiften Kleid bloß an und schickte mich wortlos zurück. Wir wurden weiter in einen großen Raum zum Duschen getrieben und mußten danach, immer noch naß, da es keine Handtücher gab, dieselbe häßliche Montur anziehen, die die arbeitenden Frauen in dem langen Raum trugen. Mutter krempelte mir die Ärmel hoch, da mir das Kleid viel zu lang und zu groß war; der Stoff war so kratzig wie eine Bürste. Diejenigen, die noch Handtaschen bei sich trugen, mußten all ihren Besitz auf den langen Tisch in der Nähe der Tür legen. Eine Frau wollte sich nicht von ihrer Tasche trennen. »Sie hätten sich längst schon von Ihren Habseligkeiten trennen und sie gegen Lebensmittel eintauschen sollen. Meinen Sie, Sie können sich damit Ihr Leben erkaufen? Vergessen Sie es, man wird es Ihnen sowieso abnehmen. Sie waren einmal reich und hätten genug schöne Dinge zum Tauschen gehabt. Sie brauchten keinen Hunger zu leiden, aber jetzt, jetzt sind Sie so nackt und bloß wie wir. Ich bin gespannt, wie es Ihnen ergehen wird. Fett haben Sie ja genug, um sich eine Weile über Wasser zu halten. Und jetzt geben Sie endlich die Tasche her! Keine von uns wird dort, wo wir hingehen, etwas brauchen. Sie sollten sich schämen«, sagte eine andere Frau zu ihr.
Unsere Habseligkeiten sahen wir nie wieder. Dort, wo wir das häßliche Kleid bekamen, gab man uns auch eine dünne Decke, eine Metallschüssel und einen Löffel. Mit ihren geschorenen Köpfen und den sackartigen Kleidern wirkten die Frauen so fremd, daß ich sie nicht mehr unterscheiden konnte. Sogar Mutter sah schrecklich aus, obwohl sie ihre schönen Haare behalten hatte. Wir sahen aus wie ein Haufen gerupfter Hühner. Ich hätte am liebsten gelacht. Niemals bisher hatten Menschen so komisch ausgesehen.

Durch ein Tor wurden wir auf ein anderes umzäuntes Gelände geführt, auf dem lange hölzerne Baracken standen. Wir gingen an den Baracken vorbei und wurden grüppchenweise auf sie verteilt. Schließlich kamen wir zur letzten Baracke. Die Hälfte von uns wurde dem einen Teil zugewiesen, und der Rest, darunter auch Mutter und ich, wurde auf die andere Seite geführt. Dort hausten bereits viele Leute – ebenso geschoren und gekleidet wie wir. Der Raum war gefüllt mit dreistöckigen Pritschen. Eine laute, dröhnende Stimme wiederholte unaufhörlich: »Jeweils drei Frauen teilen sich eine Pritsche und eine Decke. Folgt meinen Befehlen und verhaltet euch ruhig. Ich bin eure Kapo, und ich will, daß ihr von Anfang an wißt, daß in meiner Baracke strikter Gehorsam herrscht, andernfalls muß ich euch dem Kommandanten melden. Die Chance, einen Besuch bei ihr (es handelte sich um einen weiblichen Kommandanten) zu überleben, geht gegen Null, deshalb entscheidet euch lieber gleich.« Mutter wählte für uns eines der unteren Betten aus, auf dem sich eine Frau bereits breitgemacht hatte. Ich war enttäuscht und böse auf Mutter, da ich viel lieber in einem der oberen Betten geschlafen hätte. Sobald die Verteilung der Frauen auf die Betten beendet war, wurden mit schwarzen Nummern versehene Klebestreifen an den Kopfenden angebracht. Außerdem verteilte sie Baumwollstoff und Nadeln, da wir Nummern auf das Oberteil unserer Kleidung zu nähen hatten. Wie der Judenrat im Ghetto trugen wir nun auch weiße Armbinden, und zu diesem Zeitpunkt war ich mit meinem neuen Status zufrieden.

Nicht so zufrieden war ich mit dem Schlaflager in der Nacht, da unsere Strohmatratze hart und dünn war. Es muß Ende April oder Anfang Mai gewesen sein, und die dünne Decke bot nur geringen Schutz gegen die bittere Kälte. Wir kuschelten uns aneinander, um warm zu werden, Mutter, ich und Haja, die Frau, die mit uns das Bett teilte. Ich war müde, und sobald ich nur das Bett unter mir fühlte, fiel ich in Tiefschlaf, ungeachtet der Gespräche, der Umgebung und der vielen Leute. Ich hätte mich sogar – so wie die glückliche Ärztin – auf den nackten Boden zum Schlafen gelegt. Die schrille Glocke am Morgen und der Befehl »Alle aufstehen!« wären völlig wirkungslos geblieben, hätte Mutter mich nicht wachgerüttelt. Mit der Zeit wurde ich morgens genauso schnell fertig wie die

Erwachsenen, aber nicht am ersten Morgen, da ich noch Schlaf nachzuholen hatte. Auf unserem Transport im Viehwagen war ich, sobald ich einschlief, wieder geweckt worden, da ich mich mit meinem Gewicht auf jemanden gelehnt hatte. Es war schwer, im Stehen zu schlafen.

Noch in der Dämmerung wurden wir durch die brutale Stimme der Kapo aus dem Schlaf gerissen. »Ihr müßt euch sofort draußen vor der Baracke aufstellen; keine von euch darf im Bett bleiben, das ist strengstens verboten.« Wir schleppten uns nach draußen und kamen über den betonierten Weg zu einem Fleckchen Erde. Dort durften wir uns eine Weile hinsetzen, bis die Kapo zurückkam und wir uns zusammen mit anderen Gruppen aus den Baracken zum Zählappell aufstellen mußten.

Auf der anderen Seite des Stacheldrahts lebten Leute, die weniger wie Menschen als wie Vogelscheuchen aussahen, ähnlich denen, die ich mit Großvater in Kalautuva gesehen hatte. Es war strengstens verboten, sich über den Stacheldrahtzaun hinweg zu unterhalten, und ebenso verboten war der Kontakt mit den Häftlingen aus dem anderen Teil unserer Baracke, obwohl die Frauen dort Verwandte und Bekannte hatten. Wir teilten uns den gleichen Eingang; ganz selten durfte man mit einer speziellen Erlaubnis der Kapo jemanden von der anderen Seite besuchen. Bei einer solchen Gelegenheit hörte ich eine Frau sagen, wir könnten von Glück reden, eine so umgängliche Kapo zu haben. Ihre Kapo sei im Vergleich dazu eine richtige Hexe, die die Frauen regelmäßig dem Kommandanten melde. Tags zuvor war eine Frau zu Tode geprügelt worden. »Mutter, was ist eine Kapo, und warum dürfen sie über uns bestimmen?«

»Du erinnerst dich doch noch an den Judenrat im Ghetto, Renata. Er hatte gute und weniger gute Mitglieder. Sie alle mußten ihre Aufgaben erfüllen; ob sie nun menschlich waren oder nicht, sie wurden so oder so gehaßt und gemieden. Die Kapos wurden von den Deutschen ausgewählt, um für Ruhe und Ordnung zu sorgen; sie sollen darüber wachen, daß die Befehle und Verordnungen eingehalten werden. Kommen sie ihren Aufgaben nicht nach, werden sie bestraft und verlieren ihren Posten. Deswegen leben sie in ständiger Angst. Ich beneide sie nicht um ihre Aufgaben, obwohl ich nichts gegen eine zusätzliche Essensration hätte.«

Es lag an Mutters Erklärungen, daß ich den täglichen Befehlen der Kapo Folge leistete. Obwohl die Kapos ursprünglich nichts anderes als Häftlinge waren, besaßen sie große Autorität. Einigen von ihnen konnte man nicht trauen, da sie alles den Deutschen berichteten.

Wir mußten zweimal am Tag zum Zählappell antreten, was ich haßte. Gleichzeitig spürte ich aber eine unbezähmbare Gier auf das Essen, das dem Appell folgte. Ich mußte eine Ewigkeit auf Zehenspitzen stehen, damit ich größer wirkte, als ich in Wirklichkeit war. Durch die unnatürliche Haltung krampften sich meine Wadenmuskeln zusammen, bis ich auf die Idee kam, mit meinen Zehen kleine Erdhügel hinter mir zu bauen. So stehend, erreichte ich die Größe einiger Frauen. Wenn jedoch meine Nummer aufgerufen wurde – sie erfolgte unweigerlich nach der von Mutter, die mir dann immer einen Stoß versetzte –, ging ich auf Zehenspitzen nach vorne, dabei immer in Sorge nicht zu wanken. »Solange sie denken, daß du groß bist und arbeiten kannst, wird dir nichts passieren. Wenn sie aber merken, daß du ein Kind bist, stecken sie dich in ein Lager für Kinder. Also vermittle ihnen den Eindruck, daß du groß und erwachsen bist, immer und zu jeder Zeit«, ermahnte Mutter mich immer wieder. Ich wußte nicht genau, was sie meinte. Wir arbeiteten ja nicht, und die Frau, die unsere Nummern aufrief, sah nicht einmal auf, sondern immer nur auf ihre Listen.

»Du mußt dich von dem Stacheldrahtzaun fernhalten, er ist elektrisch geladen«, wurde ich gewarnt. Mutter war ständig in Angst und sagte mir, wenn ich weiterhin tapfer wäre, würden wir bald frei sein. Wenn ich mich über die schlechten Bedingungen beklagte, so erwiderte sie ärgerlich, daß es hier jedem gleich schlecht ginge und ich die Situation akzeptieren müsse, bis die Russen kämen, um uns zu befreien. Wenn ich mehr zu essen oder sogar ihre Brotration haben wollte, sagte sie mir, daß sie ohne ihr Brot stürbe und ich mit ihr, da mich dann niemand mehr beschützen könne.

Da ich nichts anderes zu tun hatte, wanderte ich in dem eingezäunten Bereich umher, erforschte meine neue Umgebung, während ich von bewaffneten Soldaten beobachtet wurde. Man hatte, abgesehen von den einzelnen Flecken Erde inmitten des betonierten Areals, nicht den Eindruck, daß man im Freien war. Es gab keinen Baum, kein Gras, ja nicht einmal Vögel. Es war ein Ort für lebende Tote.

Hinter den Baracken rauchte ein großer Schornstein, wie derjenige in der Stiefelfabrik, in der ich im Ghetto gearbeitet hatte. Rechts von unserer Baracke war ein ähnliches Gelände mit derselben Stacheldrahtkonstruktion; auf gleicher Höhe mit unserer Baracke befand sich ein abgeschirmter Bereich mit Frauen, die nicht die häßlichen, gestreiften Uniformen trugen. Ihre farbenfrohe Kleidung durchbrach die Eintönigkeit der Betonwüste. Links von uns waren die Skelett-Frauen zu Hause; bei ihnen vollzog sich der Namensappell in Windeseile, da sie anschließend zur Arbeit in die Fabrik abmarschierten. Wir und die Frauen mit den bunten Kleidern arbeiteten nicht, deshalb verbrachten wir die eine Hälfte des Tages in der Baracke, die andere Hälfte außerhalb auf dem uns zugewiesenen kleinen Gelände. Wir erwarteten gierig das Ende des Appells, um die ersehnte Mahlzeit zu bekommen. Ich war immer hungrig, und die Zeit bis zum Essen wurde mir unerträglich lang. War es endlich soweit, so schlang ich das Essen binnen Sekunden hinunter. Zweimal am Tag gab es etwas zu essen, abends schenkte die Kapo heißen Kaffee aus, der in den Baracken aufgebrüht wurde.

Unsere Ansammlung von Baracken war eine von vielen auf einem durch einen riesigen Zaun eingegrenzten Areal; jede dieser Ansammlungen wurde noch einmal durch gewundenen Stacheldraht und einen elektrischen Zaun von der nächsten getrennt. Hinter unseren Baracken standen die Toiletten. Ich fühlte mich immer elend, und nirgends gab es Kinder, mit denen ich reden konnte. Wenn ich weinen wollte, mußte ich in den Waschraum gehen, damit Mutter und die anderen mich deshalb nicht ausschimpften. Nicht, daß man dort allein sein konnte – es gab nirgends einen Ort, an dem man sich selbst überlassen war –, aber immerhin war ich aus dem Blickfeld meiner Mutter, und sie konnte mich nicht weinen sehen. Die Kapos waren immer auf der Lauer und verhinderten Freundschaften und Austausch zwischen den Frauen der verschiedenen Baracken. Gespräche über den Zaun zu führen war strengstens verboten. Ich erforschte das Gelände, dabei immer bemüht, in sicherer Entfernung vom Stacheldraht zu bleiben, der die Insassen des Lagers voneinander trennte. Wie die Tiere im Zoo wurden wir sorgfältig nach Arten sortiert und in hierarchisch gegliederte Gruppen, angefangen von den Stärksten bis zu den Schwächsten, unterteilt. Im Zoo läßt man den Löwen nicht mit dem Leoparden in einem Käfig zusammenleben, selbst wenn sie sich in ihrer natürlichen Umgebung dieselbe Steppe teilen.

Und dann gab es da die Vogelscheuchen. Die Frauen trugen zwar die gleichen gestreiften Uniformen wie wir, waren aber sehr mager. Außerdem waren sie nicht immer zu sehen; wenn sie jedoch morgens und spätnachmittags auftauchten, sah man sie ziellos herumschlurfen. Eine Frau unterschied sich jedoch von den anderen; sie sah fortwährend so aus, als suche sie jemanden. Immer wenn sie mich sah, kam sie näher, um mich genauer zu betrachten. Sie starrte mich regelrecht an, und ich bekam Angst vor ihr. Sie war häßlich, hatte tiefliegende Augen, und wenn sie lachte, zeigte sich dort, wo einmal ihre Vorderzähne gewesen waren, eine große Lücke. Es war ein Glanz in ihren Augen, und sie strahlte Wärme aus; ich hoffte, daß sie ihr abstoßendes Grinsen einmal sein lassen würde. Ich wußte nicht, was mich dazu brachte, sie so oft anzusehen. Ich fühlte mich gleichermaßen abgestoßen und angezogen. Jeden Morgen lieferten wir uns einen regelrechten Wettkampf im gegenseitigen Anstarren. Ich fragte mich oft, warum sie mich so ansah. Vielleicht erinnerte ich sie an jemanden, den sie geliebt hatte.

Wir Neuankömmlinge aus dem Ghetto von Kaunas müssen auf die anderen wie gutgemästete Gänse gewirkt haben, bereit, eine festliche Tafel zu zieren. Es werde nicht lange dauern, bis wir wie die anderen aussehen, sagten die Frauen auf unserer Seite des Zauns. Sie lebten wie wir in Baracken, allerdings in unmittelbarer Nähe eines großen Gebäudes mit Schornsteinen. »Das ist ein Krematorium, in dem sie Menschen verbrennen«, wiederholten einige Frauen auf unserer Seite des Zauns.

»Du lügst. Menschen brennen nicht, nur Holz brennt. Es sind die Schornsteine einer Fabrik ähnlich der Werkstatt im Ghetto«, erwiderte eine andere.

»Und warum liegen hier Berge von Schuhen herum, und was ist mit der Unmenge von Kleidern?«

»Die Deutschen behandeln Kranke und jene, die zu nichts mehr nutze sind, als Abfall. Werfen wir nicht alle unsere ausgedienten und unnützen Dinge auf den Müll? An den Müllbergen der Deutschen ist nichts Besonderes, außer daß es sich zufällig um menschlichen Abfall handelt. Sauber, ordentlich und gut sortiert, liefert er nützliche Nebenprodukte; und außerdem eignet sich menschliche Asche hervorragend als Düngemittel.«

»Das glaube ich dir nicht. Es muß eine Reparaturwerkstatt sein, und diese Frauen arbeiten in ihr.«

Eines Morgens war die häßliche Frau nicht mehr da, aber dafür lagen zwei Frauen am Zaun. Der Strom wurde ausgeschaltet, damit sie weggetragen werden konnten. »Das hätten sie doch wissen müssen, daß sie nicht zu nah an den Zaun kommen dürfen«, sagte ich zu Haja.

»Ich glaube, sie hatten einfach genug. Und das ist der leichteste Weg, mit allem Schluß zu machen. Wenn ich ehrlich bin, habe ich auch schon öfters mit dem Gedanken gespielt.«

Das ergab für mich überhaupt keinen Sinn, deshalb ging ich zu dem Abschnitt, in dem die schönen Frauen mit den langen schwarzen Haaren lebten. Es tat gut, diese Frauen zu betrachten, die nicht die häßlichen, gestreiften, sondern fröhliche, bunte Kleider trugen. Manche hatten sogar lackierte Nägel und Lippenstift. Ich wollte auch so schöne Kleider haben. Mein Kleid war hart und rauh und rieb mir die Haut auf. Diese schönen Frauen mußten wie wir zum Appell stillstehen, um die ersehnte Speise in Empfang zu nehmen. Wir stellten uns der Reihe nach auf, um je nach Tageszeit Haferbrei oder Suppe zu bekommen. Die Suppe wurde in großen Kesseln auf Rädern gebracht. Männer in gestreiften Uniformen mit aufgenähten grünen Dreiecken schoben die Suppenwagen vor sich her. Die Frauen sagten, die Männer mit dem grünen Dreieck seien Kriminelle. Ich ging davon aus, daß man kriminell sein mußte, um überhaupt eingesperrt zu werden, also mußten wir und die schönen schwarzhaarigen Frauen auch Kriminelle sein. Die Frauen behaupteten, die schönen Schwarzhaarigen seien Zigeunerinnen, über die vor dem Krieg das Gerücht ging, sie würden kleine Kinder stehlen. Das ging nicht in meinen Kopf hinein, daß sie zu solchen Dingen fähig sein sollten, wo sie doch so nett waren. Ich wußte, daß Mutter und ich jedenfalls nichts Unrechtes getan hatten, wir waren nur jüdisch.

Eines Tages würden wir, wenn ich weiter durchhielte, wieder eine Familie werden wie vor dem Krieg, und Vater, meine Großeltern und Carmela wären wieder da, hatte Mutter mir gesagt. Ich freute mich darauf, bald wieder mit ihnen zusammen zu sein, um endlich herauszufinden, was mit den Juden nicht stimmte und warum wir so gestraft worden waren.

Als ich eines Tages über den Zaun sah, fuhr ein Lastwagen im Zigeunerlager ein; ein Soldat stieg aus, deutete auf verschiedene Frauen, die dann in den Lastwagen steigen mußten. Ich fragte mich, warum er gerade die Schönsten unter ihnen aussuchte und diese dabei weinten. »Sie bringen sie an die russische Front, um sie danach zu töten«, sagten die Frauen unserer Baracke. Das verwirrte mich noch mehr, da doch nur Soldaten an die russische Front gingen. Warum in aller Welt schickten sie die Zigeunerinnen an die Front? Jede Frau hatte Pläne, was sie nach Kriegsende alles machen würde. Und genauso wie ich unbedingt herausfinden wollte, warum die Juden bestraft wurden, wollte ich wissen, warum die Zigeunerinnen an die russische Front geschickt wurden, um zu sterben.

Es erschien eine Aufseherin im Lager, die ich noch nie gesehen hatte. Sie war zierlich und schön und hatte langes blondes Haar. Dabei war sie so klein, daß sie aussah wie ein Kind, das sich als Erwachsene verkleidet hatte. Um die Zeit totzuschlagen, hatten Luba und ich uns im Ghetto oft verkleidet, sobald unsere Mütter zur Arbeit gegangen waren. Wir liehen uns die wenigen schönen Kleider zum Spielen aus, kurz bevor sie gegen Lebensmittel eingetauscht wurden. Wir gingen sehr vorsichtig mit ihnen um und legten sie sorgfältig zurück, damit unsere Mütter nichts davon merkten. Es war so furchtbar hier, und ich wünschte mich zurück ins Ghetto, wo es um so vieles schöner gewesen war. Die Frauen gaben der kleinen Aufseherin den Namen »Geier«. »Ihre Nase ist so groß, daß sie als reinrassige Arierin ein gutes Beispiel für die Karikatur einer jüdischen Nase abgeben würde«, witzelten die Frauen.

Der Wind brachte uns gute Nachrichten, und wir waren ziemlich aufgeregt. Am Morgen registrierten wir einen in der Nähe unserer Baracke gelegenen Kleiderhaufen. In einigen Tagen sollten wir Stutthof verlassen und deshalb neue Kleider bekommen. »Sie würden sich doch nicht darum scheren, uns neue Kleider zu geben, wenn sie uns nicht zum Arbeiten außerhalb des Lagers benötigten«, sagte eine Frau. Ich hatte das Gefühl, daß sich etwas Gutes ereignen würde. Ich träumte von der Fabrik im Ghetto von Kaunas und erinnerte mich an all das gute Essen, das ich dort bekommen hatte. Hier war ich immer hungrig.

Der »Geier« sprach zu uns durch einen Lautsprecher. Sie hatte für ihre Größe eine ungeheuer tiefe Stimme. »Jede nimmt sich zwei Kleidungsstücke, nicht mehr! Sucht sie euch aus!« dröhnte es. Die Frauen fielen über den Kleiderhaufen her. Wir sahen nur noch blaue und graue Streifen, die sich wild durcheinander bewegten. Die Frauen wirkten wie eine Schar von Ameisen auf einem Ameisenhügel, sie kämpften miteinander und rissen sich die Kleider aus den Händen. Mutter und ich konnten uns dem Haufen nicht nähern. »Die reißen sich das Beste unter den Nagel«, beschwerte sich Mutter, während wir darauf warteten, auch an die Reihe zu kommen. Plötzlich hörten wir Schüsse; der »Geier« feuerte in die Menge. Geschockt und verängstigt beendeten die Frauen augenblicklich ihren Kampf. Eine Frau blieb reglos liegen. Ihr Mund war wie vor Erstaunen geöffnet, aber es floß Blut aus ihm und tropfte auf die Kleidung. Der »Geier« befahl den Frauen, schön der Reihe nach zwei Kleider und einen Mantel aus dem Haufen zu ziehen. Bei den Mänteln handelte es sich um russische Soldatenmäntel. Ähnlich sollte mit den Schuhen verfahren werden, was sich jedoch vergleichsweise schwierig ausnahm. Manche Frauen kamen mit zwei nach Größe und Farbe unterschiedlichen Schuhen zurück. Die unterschiedlichen Paare waren an den Schnürsenkeln zusammengebunden. »Wir werden sie nachher untereinander austauschen«, sagte Mutter. Dann hörten wir einen Schrei; der »Geier« schlug mit der Peitsche auf eine Frau ein. Die Frau war sehr groß, beinahe zweimal so groß wie der »Geier«, und von weitem sah es so aus, als ob ein Kind eine Erwachsene schlug. Sie peitschte so lange, bis der große Körper blutüberströmt zusammenbrach, wie eine schlaffe Puppe.

»Es ist doch sehr warm draußen, warum geben sie uns Mäntel und Schuhe?« fragte eine der Frauen. Es war angenehm, wieder richtige Kleidung zu besitzen. Alles war besser als diese gestreiften Uniformen.

»Ich vermute, daß sie uns im Winter zum Arbeiten brauchen, und das ist ein gutes Zeichen«, sagte eine Frau mit einer großen Nase.

»Ich hoffe nicht, daß der Krieg noch so lange dauert. Was ist mit den Alliierten? In Litauen bekamen wir wenigstens noch Nachrichten; es hieß, die Russen und die Alliierten würden ihre Sache gut machen.«

»Wo wir jetzt wohl sind?«

»Wir sind mitten im Deutschen Reich. Aber sieht es für euch so aus, als ob die Deutschen den Krieg verlieren? Sie haben sich gut verschanzt und werden sich ewig halten. Uns werden sie eine Weile benutzen, und dann werden wir den Skeletten da drüben Gesellschaft leisten«, sagte eine große Frau, indem sie mit ihrem Kopf in Richtung Schornstein wies. Sie sah aus und hörte sich an wie eine meiner Lehrerinnen vor dem Krieg.

»Sei nicht so pessimistisch«, sagte eine andere. Das Gespräch in der Baracke wurde unterbrochen.

»Ruhe«, schrie die Kapo und meinte uns. Obwohl sie eine von uns war, ging sie im Büro des Kommandanten ein und aus und übermittelte uns die Befehle der Lagerbehörde. Sie zwang uns zur Ruhe wie der Klassenlehrer in der Schule. »Ihr werdet mit neuen Nummern versorgt«, sagte die Kapo, indem sie Nadeln und Stoff herumgab. »Ihr müßt eure Nummern auf die Mäntel nähen, damit die neuen Aufseher euch identifizieren können.«

»Sind wir nicht auch ohne Nummern leicht zu erkennen?« sagte eine Frau, während sie ihren Mantel aufhob. Jeder Mantel hatte auf der Rückseite einen großen, gelben Davidstern und auf der Vorderseite überraschenderweise einen roten. »Ihnen muß die gelbe Farbe ausgegangen sein«, sagte eine und brachte damit alle zum Lachen.

»Die Aufseher müssen euch doch auseinanderhalten können«, versuchte die Kapo zu erklären.

»Zumindest wissen wir, wie es um uns steht. Wir haben keine Namen mehr, wir sind nur noch Nummern«, erwiderte eine Frau prompt.

Ich lag auf meiner Pritsche und dachte darüber nach, wie merkwürdig es sei, nicht mit dem Namen, sondern mit einer Nummer gerufen zu werden. Das wäre einfacher, da keiner mehr lernen müßte, schwierige Namen zu schreiben oder auszusprechen. Das einzig Dumme war nur, daß sich Nummern ziemlich häßlich und gleich anhörten, Namen dagegen schön klangen. Ich hatte früher viel Zeit damit verbracht, Namen für meine Puppen auszusuchen, die zu deren Erscheinung und Persönlichkeit paßten.

Die letzten Tage in Stutthof verbrachten wir mit dem Austausch und der Reparatur unserer neu erworbenen Kleidung. Der Besitz von Kleidern, egal welchen Zustands oder welcher Größe, war eine große Freude und von unbeschreiblicher Bedeutung für Menschen, die über einen Monat lang die Streifen als Symbol ihrer Rechtlosigkeit getragen hatten. In unserer Baracke herrschte ein reger Tauschhandel, und ganz oben auf der Rangliste standen zwei zueinander passende Schuhe. Es war ein buntes Sortiment von Schnürstiefeln vorhanden: Neben den Armeestiefeln gab es auch normale Stiefel in kleinen Größen und verschiedenen Farben, von denen keine neu waren. Die meisten waren nach Größen zusammengebunden, aber gut ein Drittel der Frauen mußte sich mit zwei unterschiedlichen Schuhen zufriedengeben. Die Größe spielte keine Rolle, solange sie nicht zu klein waren. (Da es sich um Schnürstiefel handelte, konnte man sie sich notfalls fest um das Bein binden.) Auch war es kein Problem, zwei linke oder rechte Schuhe zu tragen. Ich war glückliche Besitzerin eines Paars riesiger Stiefel, das bald gegen das kleinste vorhandene Paar getauscht wurde. Sie erschienen mir immer noch riesig; wobei ein Stiefel größer war als der andere und beide offensichtlich völlig verschieden; aber immerhin waren sie beide schwarz.

Erneut reichte die Kapo Scheren, Stoff und Nähnadeln herum. Mutter schnitt ein großes Stück von meinem Armeemantel ab, so daß er mir nur noch bis zum Fußknöchel reichte. Die langen Ärmel waren kein Problem, ich hatte mich längst daran gewöhnt, sie hochzukrempeln. Aus den Stoffresten schnitt Mutter ein Viereck, das als Kappe dienen sollte, sowie acht weitere Stücke aus, vier davon nähte sie jeweils so zusammen, daß sie Innenschuhe ergaben, mit denen die viel zu großen Schuhe besser paßten. Ihre weise Voraussicht trug viel zu unserem Überleben in dem bevorstehenden kalten Winter bei. Der an uns verteilte Stoff war spärlich, aber unsere Mäntel hatten ein Futter aus grobem Leinen. Mutter wies mich an, das Leinen herauszutrennen, um haltbaren und stabilen Nähfaden zu gewinnen. Ich mußte mich beeilen, da die Nähnadeln weitergegeben wurden. Einige Frauen wollten Mutters Erfindungen nachahmen und gaben mir kleinere Aufträge, so daß ich für eine Weile eine einträgliche Beschäftigung hatte. Das Futter fand außerdem noch Verwendung als Gürtel. Er sollte die viel zu große Kleidung zusammenhalten, zudem baumelte mein Eßnapf in freudiger Erwartung an ihm herunter. Ich wurde sehr geschickt im Herstellen von Gürteln und im Binden meiner Kopfbedeckung. Mutter nähte mir zusätzlich ein neues Kleid. Es war groß, aber gar nicht schlecht. Zu dem kleinen Blumenmuster gesellte sich der frischgefärbte, rote Davidstern. Mit der Zeit würde der Stern durch das viele Tragen und eine gelegentliche Wäsche heller werden, aber im Moment war er noch steif und fühlte sich an wie eine gigantische Brosche. Es gab auch weiße Schlüpfer, die ich jedoch nicht anzog. Ich erinnere mich vage daran, sie im Winter einmal mit einem Gürtel getragen zu haben. Ich weiß nicht sicher, ob die Erwachsenen Unterwäsche unter ihren gestreiften Uniformen trugen. Ich jedenfalls trug keine und gewöhnte mich an diesen Zustand.

Wir legten unsere Habseligkeiten in eine Baumwolldecke und banden sie mit einem Stückchen Schnur, das wir für diesen Zweck aufgehoben hatten, zusammen. In diesem Bündel befanden sich unser Mantel und die aus den Stoffresten genähte Kleidung sowie Armeesocken, verziert mit einer Unmenge von Löchern, der Löffel, die Schüssel und die Schuhe, da die meisten von uns barfuß gingen.

Der Sommer zeigte sich in seiner ganzen Pracht; daran gewöhnt, keine Schuhe zu haben, waren unsere Füße abgehärtet für einen langen Marsch. Vorher war es schwergefallen, die Gestalten mit ihren kahlen Köpfen und der gestreiften Kleidung voneinander zu unterscheiden. Die einzig verläßlichen Merkmale damals waren die Größe und die Umrisse einer Frau. Bei Frauen wie Mutter, die ihre krönende Haarpracht hatten behalten dürfen, fiel es natürlich leichter. Bald sprossen verschiedenfarbige Haarbüschel auf den kahlen Schädeln und gaben ihnen das Charakteristische zurück. Manche Haarbüschel standen eigensinnig ab und erinnerten an kleine Igel in Erwartung einer Gefahr. Mit der neuen Kleidung veränderten sich Stimmung und Persönlichkeit der Frauen. Auf der vielfarbigen Kleidung konnte man Schachbrettmuster, Tupfen, Blumen und sogar einfaches Grau ausmachen. Streifen, ganz egal in welcher Farbe und Kombination, waren verständlicherweise nicht sehr beliebt, und auf den Gesichtern ihrer Trägerinnen spiegelten sich Trübsinn und Enttäuschung.

Wir stellten uns zur Abreise vor den Toren auf, wo uns unsere neuen, schwarz gekleideten Wachmänner erwarteten. Sowohl im Ghetto als auch in Stutthof hatten die Soldaten grüne Uniformen getragen; die Menschen sagten, die schwarze Uniform trage die SS, die für ihre Grausamkeit bekannt war. Ich glaubte, daß es sich dabei um einen Fehler handelte. Menschen konnten nicht einfach nach Buchstaben benannt werden, SS mußte also eine bestimmte Abkürzung sein und erinnerte an das Wort »Eß«, das im Jiddischen und im Deutschen die Befehlsform des Verbes »essen« ist. Falls es sich dabei um einen Witz handelte, so war mir die Pointe entgangen: Zwischen den schwarzen Uniformen und meinem Lieblingsgegenstand – dem Essen – konnte ich beim besten Willen keinen Zusammenhang herstellen.

Wieder einmal wurden wir gezählt. Die Frauen unserer Baracke wurden zu einer Kolonne aus vielleicht 250 Menschen zusammengestellt; der Befehl zum Abmarsch ertönte, und eine große Anzahl schwerbewaffneter Männer der SS eskortierte uns. Die Sonne schien, und selbst die Tannen verneigten sich beifällig, als wir uns von ihnen und den schrecklichen Wachtürmen der Riesen, die die Umrisse des häßlichen Käfigs vor dem menschlichen Auge verbargen, entfernten. Es war so schön zu gehen und dabei Gottes Schöpfung, ihre vielfältige Schönheit und ihre magischen Wunder nach so langer Zeit wiederzusehen. Schafe weideten auf den Feldern. Ich wollte zu ihnen rennen und mich vor Freude mit ihnen im Gras wälzen. Die Situation erinnerte mich an unseren Marsch von Palanga nach Kaunas. Nur gab es damals keine Straßen, und wir marschierten nicht in Reih' und Glied wie in der Armee. Ich fragte mich, ob uns die SS-Männer zu einem der schönen Bauernhöfe bringen würden. Obwohl mir längst klar war, daß sich die früheren Erlebnisse nicht wiederholen würden, schwelgte ich in Erinnerungen und malte mir aus, welche wunderbaren Dinge die Bäuerinnen in ihren Bauernhäusern wohl zubereiteten. Die Höfe wirkten ähnlich wie jene in Litauen, nur nicht ganz so idyllisch, da sie kaum Weideflächen hatten. In Litauen waren die Höfe etwas baufälliger, aber in ihrer Erscheinung viel einladender gewesen.

Wir kamen an Wiesen vorbei, auf denen vereinzelt Tiere grasten. Die meisten von ihnen waren wohl geflohen oder durchgegangen. Als wir an einer weidenden Kuh vorübergingen, wünschte ich mir, ein Kalb zu sein, damit ich tun und essen konnte, was immer ich wollte. Wir erreichten ein kleines Städtchen und marschierten geradewegs zu einer Bahnstation, an der uns Wachmänner in Lastwagen erwarteten. Dort standen auch ganze Gruppen von Menschen in Alltagskleidung herum. Seit langer Zeit hatte ich keine Menschen mehr ohne Uniform gesehen. Die neuen Wachmänner sprangen von den Lastwagen; sie wirkten weit gefährlicher als unsere alten Wächter. Sie unterhielten sich lautstark miteinander, ohne auch nur ein Wort an uns zu richten. Schließlich befahl uns einer von ihnen, zum Appell anzutreten. Nummern wurden gerufen, und wir mußten unsere Bündel aufschnüren, um unsere Trinkgefäße hervorzuholen. Von dem Zeitpunkt an trugen die meisten von uns ihre Behälter um die Hüfte gebunden. Nachdem wir gezählt und anhand unserer Nummern registriert worden waren, pferchte man uns in die Lastwagen. Offenbar sahen wir mit unseren Bündeln unter dem Arm ziemlich lächerlich aus, denn selbst ein großer Hund brach in Gelächter aus und bellte unaufhörlich.

Mir erschien die Fahrt sehr lang. Dabei war sie nicht unangenehm, sie bot eine willkommene Abwechslung zum Marschieren. Zudem hatten wir vom Lastwagen aus das unbestrittene Recht, unsere Blicke scheu über die wunderbare Landschaft schweifen zu lassen. Ich hatte allerdings mal wieder kein Glück. Um mich zu schützen, nahmen die Frauen mich in ihre Mitte, und nur als eine freundliche Frau sich einen Moment bückte, konnte ich einen flüchtigen Blick auf die Landschaft erhaschen. Ich wollte mehr sehen und belästigte meine Mutter so lange, bis sie mich anschnauzte: »Hör sofort auf. Vergiß nicht, daß du erwachsen bist; wenn du dich weiter wie ein Kind aufführst, werden sie dich erschießen.« Diese Drohung verfolgte mich immer und überall.

Der Lastwagen hielt in der Nähe eines Flusses. Wir wurden zu einem merkwürdigen Fahrzeug geführt, das aussah wie die Ladefläche eines Lastautos. Ich glaube, es war ein Lastkahn. Zwei von ihnen standen für uns bereit, und sie wurden von einem Boot ohne Schornstein und Rauch gezogen. Als wir auf der anderen Seite des

Ufers an Land gingen, wurden wir wieder gezählt. Die Deutschen hatten eine besondere Vorliebe für das Aufrufen von Nummern; mir war es ein Rätsel, warum die Menschen permanent gezählt werden mußten. Mein junger Verstand kam zu dem Schluß, daß sie in Zahlen und Nummern regelrecht vernarrt sein mußten.

Dann erfolgte der Befehl zum Abmarsch; wie eine gut dressierte Horde stellten wir uns instinktiv in einer Reihe auf. Diesmal liefen wir durch die Felder. Es war schön, das Gras unter sich zu fühlen; sanft und heilend schmiegte es sich um die vom langen Gehen wundgelaufenen Füße. Vorbei ging es an grünen Feldern und hübschen Hütten mit wuchernder Vegetation, die das friedvolle, ruhige Grün durch einen farbenfrohen Aufruhr auflockerten. Hier und da sah man mit Früchten beladene Obstbäume, die ich mit großer Sehnsucht betrachtete. Was für eine Qual für unsere hungrigen Mägen. Vor einem Bauernhaus machten wir plötzlich halt, aber anstelle eines Bauern empfing uns jemand in der vertrauten schwarzen Uniform. Der hochgewachsene, dünne Mann teilte uns mit, daß er unser Kommandant sei. Auf seine Aufforderung traten die langhaarigen Frauen vor. In großer Panik zog Mutter ein Stück Stoff heraus, bedeckte ihre Haare damit und blieb stehen. Ich fühlte, wie sie vor Angst zitterte. Aber ihre Angst war unbegründet, wie sich bald herausstellte, da die Hälfte der langhaarigen Frauen kurze Zeit später zu uns zurückkehrte. Einige von ihnen hatte man zu Kapos ernannt; es waren die Langhaarigen ausgewählt worden, da der Führungsstab nicht in unmittelbaren Kontakt mit physisch abstoßenden Frauen treten wollte.

Als nächstes wurden wir zu einem Obstgarten geführt. Er hatte keine Ähnlichkeit mit den Obstwäldern, an denen wir vorbeigegangen waren. Die Bäume hier waren riesig, beinahe so groß wie die Kiefern, die den Käfig der Riesen bewachen halfen. Sie waren so groß wie die Kastanienbäume in Kaunas, und wenn ich hochsah, konnte ich Früchte erkennen. Unter den Bäumen standen viele Zelte. Ich war aufgeregt und glücklich. Wir würden in den Zelten schlafen, in denen bereits für jeden ein Strohsack lag, ähnlich dem, der Carmela aus dem Ghetto befördert hatte. Ein Trompetenstoß rief uns zur Sammelstelle. Der Kommandant hielt eine lange und weitschweifige Rede. Ich stand zwar in Habachtstellung und tat groß und erwachsen, lauschte aber in Wirklichkeit den Vögeln und begutachtete meine neue Umgebung. Aus der Ferne vernahm ich das laute Bellen eines unhöflichen Hundes, so daß es schon deshalb schwierig war, dem Gesagten zu folgen. Offenbar hatte der Kommandant den Frauen erlaubt, Fragen zu stellen, denn manche trauten sich, mit ihm zu sprechen. Sie wurden allerdings schnell zum Schweigen gebracht mit dem lustigsten Ausruf, den ich je gehört hatte. Der Kommandant brüllte: »Halt den Schnabel!«* Den richtigen Namen des Kommandanten habe ich nie erfahren, da er seither einfach der »Schnabel« genannt wurde. Der Schnabel war so dünn wie ein Strich. Eigentlich hatte er nicht das Recht, so auszusehen, denn er bekam nur Gutes zu essen. Es ging das Gerücht, daß er Krebs habe und nur noch so dahinvegetiere. Trotz seiner Krankheit tat er angeblich alles dafür, seinem Vaterland zu Diensten zu sein. Seine Brille wirkte viel zu groß für ihn; sie saß ganz verloren auf seiner Nasenspitze. Er sah eher wie ein Buchhalter und weniger wie ein SS-Offizier aus und wirkte ganz offensichtlich verdrossen angesichts der Arbeit, die man ihm aufgebürdet hatte. Er nahm sein Schicksal übellaunig hin.

»Gott sei Dank bin ich nicht vorgetreten. Sie hätten uns sonst voneinander getrennt«, sagte Mutter. Niemals ließ sie mich aus den Augen; sie konzentrierte ihre ganze Aufmerksamkeit darauf, die anderen nicht merken zu lassen, daß ich noch nicht erwachsen war. In der Tat war ich die Jüngste und Kleinste in der Gruppe der Frauen. Dies war das erste KZ oder »Arbeitslager«, das mir wirklich gefiel – ich hoffe, man verzeiht dem dummen Kind. Wenn ich ehrlich bin, liebte ich das »Arbeitslager«; im Zelt zu schlafen war wirklich aufregend. Jeder Frau überließ man einen Strohsack als Matratze. Soweit ich mich erinnere, schliefen wir jeweils zu zehnt in einem Zelt. Man gab uns Suppe und Brot und verteilte uns auf die Zelte. Sobald ich auf meiner Strohmatratze lag, schlief ich ein, ohne mich an der lautstarken Unterhaltung der Frauen um mich herum zu stören. Als ich am Morgen erwachte, ergab eine kurze Untersuchung der Umgebung, daß unser Zelt unter wunderbaren Obstbäumen stand. Es hingen noch unreife Äpfel und Birnen an den Bäumen, und ich ver-

---

* Im Original deutsch.

suchte mit Steinen nach ihnen zu werfen, aber sie blieben unbeirrbar an den Ästen hängen. »Wenn sie reif sind, werden sie von selbst herunterfallen. Ist das Brot fertig gebacken, holt man es aus dem Ofen. Das Korn läßt zum Zeichen der Ernte seine gelben Köpfe hängen, und die Babys werden von ihren Müttern getrennt, sobald sie ausgewachsen sind«, sagte Hanegittle, die Bettnachbarin meiner Mutter, in ihrer Sing-Sang-Stimme. Sie sagte oft die lustigsten Dinge. Sie schlief auf der anderen Seite meiner Mutter.

Unsere Küche befand sich draußen und war durch einen Vorhang aus Sackleinwand abgeschirmt. Trotzdem konnten wir beobachten, was dort vor sich ging und rochen den Duft des Essens. Die Frauen beneideten das Küchenpersonal, immerhin mußten sie keine Gräben ausheben und konnten jederzeit essen. »Dort arbeiten die Verwandten der Kapos«, sagten die Frauen oft. Den Kapos wurde vieles übelgenommen, und man zerriß sich das Maul über sie. »Sie dürfen in den Häusern des Wachpersonals schlafen und haben ein Zimmer ganz für sich allein«, sagte eine. Für mich war es kein Vorrecht, drinnen zu schlafen, denn ich liebte das Schlafen im Zelt. Im Arbeitslager erzählte man sich, daß die Kapos Affären mit den Wachmännern hatten und deshalb nach ihrem Aussehen ausgewählt worden waren. Man verwendete eine Menge Energie darauf, herauszufinden, welche Kapo mit welchem Aufseher liiert war, und dieses Thema entfachte die Gespräche unter den Frauen in den Zelten immer von neuem. Wir mußten uns bereits vor Anbruch der Dunkelheit in den Zelten schlafen legen, und angesichts der harten Arbeit am Tage in den Gräben bot das Spekulieren über die Kapos einen kleinen Trost.

»Sie können sich wenigstens anständig waschen und essen das gleiche wie das Wachpersonal«, sagten die Frauen. Die Deutschen bekamen etwas anderes zu essen, und ich fragte mich oft, was es wohl war; vermutlich so köstliche Mahlzeiten, wie wir sie vor dem Krieg gegessen hatten. Der Gedanke daran machte mich hungrig. Nicht, daß unser Essen ungenießbar gewesen wäre, ich sehnte mich einfach nur nach größeren Mengen. Besonders gern hätte ich mehr Brot gehabt – unsere Ration bestand aus einer dicken Scheibe Brot, einem winzigen Stück Käse und süßem Ersatzkaffee zum Frühstück, bevor man zur Arbeit aufbrach. Abends bekamen wir eine dünne Gemüsesuppe und ein weiteres Stück Brot. Nach dem Essen hatte ich immer noch Hunger. Obwohl wir nicht wirklich hungerten, konnte ich nie genug bekommen. Tagsüber arbeiteten wir manchmal in der Nähe von Feldern mit Wurzelgemüse. Selten fanden wir sogar Zuckerrüben, Rote-Bete, Karotten oder Kartoffeln, die selbst in rohem Zustand wunderbar schmeckten. Die Menschen, die in diesem Gebiet gelebt hatten, mußten vor ihrem Weggang ihr ganzes Gemüse geerntet haben. Ich fragte mich, wohin sie wohl gegangen waren. Ich konnte einfach nicht verstehen, warum Menschen zum Weggehen gezwungen wurden oder ganz einfach von einem Ort zum anderen geschickt wurden.

»Dieser Krieg hat die größte Umwälzung der Menschheit hervorgerufen, nur fallen wir nicht unter den Begriff ›Menschheit‹, da wir zur Vernichtung bestimmt sind«, hörte ich Mutter sagen. Die Bedeutung ihrer Worte lag jenseits meines Auffassungsvermögens, obwohl ich ja geradezu zum Erwachsensein verpflichtet worden war.

Ähnlich wie die Küche befanden sich unsere Toiletten hinter einem Vorhang aus Sackleinwand. Sie bestanden aus einem langen Graben, über den ich mich hockte. Ich nahm mir ein Laubblatt, mit dem ich meinen Hintern abwischte. Dann bedeckte ich meine Hinterlassenschaft mit Hilfe eines Spatens, der sich zu diesem Zweck am Eingang der Toiletten befand. Ich mußte sichergehen, daß mein Häuflein auch zugedeckt war, denn manche Frauen, die ihre nicht ordentlich zuschaufelten, kamen in große Schwierigkeiten. Eine Frau, die sich nicht an die Regeln hielt, wurde von der Kapo mit dem Entzug der Essensration bestraft. Es gab auch einen Eimer mit Wasser in der Nähe des Spatens, damit man sich die Hände waschen konnte. So war zumindest ein Minimum an Hygiene gewahrt.

Wenn jemand die Maßnahmen ignorierte, schimpfte die Kapo: »Haben wir nicht schon genug Schwierigkeiten, wollt ihr vielleicht noch gratis eine Typhusplage dazubekommen?« Das klang für mich wie ein Fluch und erinnerte mich an einen Streit, der sich zwischen zwei Frauen zugetragen hatte. Die eine hatte zu der anderen gesagt: »Typhus wünsche ich dir an den Hals und die Cholera noch dazu.« Mutter hatte das mitangehört und mir erklärt, daß es sich dabei um einen Fluch handle, den nur schlechte Menschen aussprechen und den ich mir bloß nicht merken soll. Jetzt war ich vollkommen verwirrt. Ein anderes Mal hatte ich einen Fluch mitangehört, der mich so amüsierte, daß ich ihn daraufhin Mutter erzählte. Als Folge trug ich einen wunden Hintern davon. Eine Frau hatte nämlich gesagt: »Du sollst wachsen wie eine Zwiebel mit dem Kopf in der Erde.« Ich wußte nicht, was daran so schlimm war; der Umgang der Erwachsenen mit Worten und Gesten war manchmal auch zu seltsam. Aber das alles war schon lange her, das geschah, als wir noch in Ghettozeiten lebten.

An den Sommerabenden gaben sich die Frauen in den Zelten den Träumen von der Befreiung hin. Sie ließen ihren Phantasien freien Lauf und malten sich das Ereignis in vielen schönen Farben aus. Die größten Bestrebungen gingen allerdings dahin, sich Qualen für unsere Peiniger auszudenken. Da wurden verschiedene Foltermethoden speziell für Hitler sowie für die Kollegen Eichmann, Goebbels und für jemanden namens Lange, von dem ich annehme, daß er der Kommandant des Ghettos war, erfunden. Sie erwähnten auch andere, an deren Namen ich mich nicht erinnere. Verschiedene subtile und weniger subtile Foltermethoden wurden ersonnen, und selbst Mutter stimmte mit ein. Der Mann, den sie wirklich in die Finger bekommen wollte, war unser Hauswart, Herr Lapis. »Ich möchte ihn ganz langsam zu Tode quälen, so wie er mich gequält hat«, sagte sie, »und für das, was er meinem Mann angetan hat, der immer nur freundlich war zu diesem Schwein. Ihr hättet das in Uniform verkleidete Tier sehen sollen, wie er die anderen Banditen auch noch anstachelte. Ihr hättet seinen Gesichtsausdruck sehen sollen, als er meinen Vater, einen alten Mann, herumstieß. Und das alles war meine Schuld. Wären Vater und Mutter nur in ihrer eigenen Wohnung geblieben, wären sie so wie mein Onkel, der in der gleichen Straße lebte, unbehelligt geblieben. Und das alles, nachdem ich so viel für Lapis' Familie getan habe. Er war ein heruntergekommener Trinker, der sich endlich einmal aufspielen konnte.«

Möglicherweise hielt der Wunsch nach Vergeltung die Frauen am Leben; ihr Bedürfnis nach Rache war so stark, daß das Weiterleben für sie einen Sinn hatte. Zu diesem Zeitpunkt tat ich mich schwer damit, zu verstehen, warum die Frauen solche Gefühle hatten. Sogar ich hatte alle Pläne, Onkel Hans etwas anzutun, aufgegeben, sobald er nicht mehr um meine Mutter herumscharwenzelte und sie nicht mehr berührte. Deshalb war es für mich zu diesem Zeitpunkt schwer zu verstehen, warum die Frauen so sprachen. Wenn die Phantasien ausuferten, fuhr eine der Frauen meist streng dazwischen: »Spielt euch nicht so auf. Ihr werdet nicht befreit werden, sondern viel eher in der Gaskammer enden.«

»Sei nicht so pessimistisch«, jammerte eine andere, und wechselte schnell das Thema.

Die Phantasien der Frauen bündelten sich in der Vorstellung, daß die von ihnen ausgehobenen Gräben einmal die Gräber der deutschen Soldaten sein würden. Der Gedanke daran ließ sie mit einer regelrechten Wut weitergraben. Ein weiterer Zeitvertreib war das Reden und Tagträumen über Mahlzeiten; manche Frauen tauschten die feinsten Rezepte aus, die vor dem Krieg auf ihrem Speisezettel gestanden hatten. Solche Erinnerungen riefen allerdings nostalgische Sehnsüchte wach, die unser Bedürfnis nach Essen nur noch verstärkten und uns vollends entmutigten. Die Frauen verboten es sich schließlich gegenseitig, davon zu sprechen; nur die Geschichten, die von uns selbst wegführten, wirkten aufmunternd. Gerüchte in die Welt zu setzen und Geschichten zu erzählen war eine Beschäftigung, die für kurze Zeit die eigene Sehnsucht und das Elend vergessen machte. Ich selbst dachte sowieso nicht viel, wodurch ich nicht mit diesen Problemen belastet schien. Es wurden Reime und Lieder auf die Kapos und ihre Affären gedichtet. Liebesgeschichten zwischen ihnen und den Wächtern zu erfinden, nahm viel Zeit in Anspruch und gab unserer kargen Existenz ein bißchen Würze.

Unsere Chef-Kapo wirkte auf mich etwas ältlich, sie war aber höchstens vierzig. Ganz offensichtlich war sie nicht so hungrig wie der Rest von uns, da sie und die anderen Kapos mit der Lageraufsicht im Haus aßen und lebten. Einige Frauen hatten sie vor dem Krieg gekannt. Es hieß, ihr Mann sei Dozent an der Universität von Kaunas gewesen, und er sei kurz vor dem Abtransport ins Ghetto ermordet worden. Angeblich soll ein früherer Student sein Mörder gewesen sein. Sie war eine kultivierte und gutaussehende Frau mit feinen Gesichtszügen. Man erzählte sich, daß sie die Geliebte des Kommandanten sei.

Zur »Verteidigung des Vaterlands« wurde ein großer Feldzug geplant. Alle Frauen wurden ausnahmslos zum Ausheben der Gräben kommandiert. Hätte man sich die Gräben von oben angesehen, wären sie einem wie eine überdimensionale, sich vorwärtsbewegende Schlange erschienen. Jede Frau hatte täglich einen bestimmten Abschnitt zu graben, drei Meter lang und zwei Meter tief. Aber die Gräben krümmten sich, so daß in Wirklichkeit mehr als drei Meter pro Tag auszuheben waren. Der Graben mußte sehr tief sein, so daß man schließlich nicht einmal mehr die Frauen sah, sondern nur noch ihre Schaufeln, mit denen sie die Erde nach oben warfen. Die Gräben dehnten sich weit aus, obwohl sie mir wahrscheinlich viel weitläufiger erschienen, als sie in Wirklichkeit waren. Die Frauen sagten, wir wären nun unter dem Kommando der Wehrmacht, die ebenfalls aus Soldaten bestünde. Ich verstand nicht. Zuerst hatte die Gestapo grüne Uniformen getragen, und nun trug die Wehrmacht grüne Uniformen. Die SS trug schwarze, alle hatten unterschiedliche Mützen, und doch waren sie alle Soldaten. Warum gab es also so viele verschiedene Bezeichnungen und Uniformen?

Einige Männer der Wehrmacht befestigten Schnüre am Boden, die uns beim Graben als Richtlinien gelten sollten. Aus der Entfernung sahen wir, wie sie einzelne Stellen mit Hilfe eines Metallwerkzeugs markierten, dann verschwanden sie und überließen alles weitere unseren Wachen. Verschiedene Brigaden arbeiteten in unterschiedlichen Gebieten, man traf sich immer wieder in einer großen quadratischen Grube, die wir ausheben mußten. Diese Grube nannte sich Bunker, mir kam sie aber eher wie ein großer Raum mit Erdwänden und ohne Dach vor.

Anfangs konnte ich nicht sehr tief graben, aber ich tat mein Bestes, war bald schneller als Mutter, ohne jedoch soviel Erde nach oben werfen zu können wie sie. Deshalb grub ich immer nur den Anfang. Je tiefer wir gruben, desto weniger konnte ich die Erde über den Grabenrand werfen; so daß die Kapo zusammen mit Mutter meine Tagesquote erfüllen half. Die Kapo war immer da, um uns zu beaufsichtigen. Sie selbst hatte keine Quote zu erfüllen und konnte einspringen, wenn eine der Frauen ihr Tagespensum nicht erreichte. Irgendwann starb unsere Kapo. Sie war eine nette Frau gewesen. Mutter sagte mir, daß sie vermutlich nur sechs Jahre älter war als ich und ermahnte mich, mich ihrer als ein nettes Mädchen zu erinnern. Eines Tages erteilte mir unser Wachmann – ein freundlicher Mann namens Hildebrandt – eine neue Arbeit, die ich sogar besser als die

Erwachsenen erledigen konnte. Mir wurde befohlen, Grasbüschel mit einem harten Metallwerkzeug, das aussah wie eine Kehrschaufel, zu sammeln, um sie dann strategisch geschickt zu positionieren. Was ich nicht wußte: die Grasbüschel sollten die Gräben, die für die Feinde des Dritten Reichs bestimmt waren, tarnen. Für mich war es ein Geschicklichkeitsspiel, das ich genoß, denn ich wurde dafür gelobt und fühlte mich sehr bedeutend. Ich arbeitete schnell, da ich mich auf das belegte Brot freute, mit dem mich Hildebrandt mittags für meinen »Beitrag zur deutschen Abwehrfront« belohnte. Später gab er mir noch ein zweites belegtes Brot dazu, das er von der Kapo in seiner Küche zubereiten ließ. Und ich war so ein gieriges, kleines Biest, daß ich meiner Mutter nicht einen Bissen davon abgab.

»Schau einer an, was die Kleine geschafft hat, ist das nicht gut?« sagte er immer zu den Frauen. Als er mich einmal zu einem nahe gelegenen Feld schickte, um Gras zu holen, fand ich einige Beeren und Gräser, von denen ich noch aus dem Ghetto wußte, daß sie nicht giftig waren. Während der Arbeit durften wir nicht auf die Toilette gehen, deshalb suchten wir uns einen Platz im Gestrüpp, an dem ich wiederum Eßbares fand. In der Regel mußten wir uns beeilen, ich durfte aber meistens ein bißchen länger bleiben. Dieses Vorrecht genoß ich in vollen Zügen und fühlte mich viel wichtiger als die Erwachsenen. Die frisch ausgehobene Erde mußte geschickt verteilt werden, damit es natürlich aussah und man sie selbst aus der Nähe nicht bemerkte. Ich modellierte den Boden mit der Schaufel und manchmal sogar mit den bloßen Händen. An einigen Stellen würde schnell neues Gras wachsen und die Unregelmäßigkeiten überdekken, aber meistens geschah dies nicht. Hier war es meine Aufgabe, mit Grasbüscheln zu tarnen.

Wir hoben die Gräben auf Äckern und Feldern aus. Einige der Bauernhöfe wirkten verlassen, aber in der Ferne konnte man Menschen und Tiere sehen. Die Früchte der Bäume über unseren Zelten wurden bald reif, und der Wind ließ sie zu Boden fallen. Manche mußten mit Stöcken von den Bäumen gestoßen werden, aber an die höchsten Äpfel und Birnen kam man nicht so einfach heran. Wie ein Affe kletterte ich dann auf die Bäume. Sie waren sehr hoch für mich, und wenn die Frauen mir den Stock reichten, mit dem ich die obersten Früchte pflücken sollte, hatte ich Angst herunterzufallen. Meine

Mutter mochte es nicht, wenn die Frauen sich die am Boden liegenden Früchte schnappten. »Gebt sie mir zurück. Mein Kind riskiert sein Leben und bricht sich noch den Hals. Warum klettert ihr nicht selbst auf den Baum? Was sie herunterschüttelt, gehört ihr«, sagte sie in einer solchen Situation. Wir stopften uns voll mit Äpfeln, und für eine Weile fühlte ich keinen Hunger. Dem Geschmack der Äpfel in diesem Sommer ist bisher nichts nahe gekommen. Der himmlische Genuß des süßen Saftes und des knackigen Fruchtfleisches, den ich empfand, als ich das erste Mal zubiß, ist mit Worten nicht zu beschreiben.

Wir kamen beim Graben in verschiedene Gebiete, und der morgendliche Weg zur Arbeit wurde immer weiter. Unsere Schaufeln konnten wir nicht liegen lassen, da sie sonst von den ansässigen Bauern gestohlen worden wären. Wir mußten also unsere Werkzeuge auf den Schultern tragen, so wie die Soldaten ihre Gewehre trugen.

Zu der Zeit hatten die Aufseher längst herausbekommen, daß sich ein Kind im Arbeitskommando befand, selbst der »Schnabel« hatte es bemerkt. Solange ich jedoch eine nutzvolle Arbeit verrichtete, schien es ihnen egal zu sein. Mir war allerdings nicht klar, inwiefern der Aufseher in der braunen Uniform eingeweiht war. Seine Jacke war eigentlich eher lohfarben; zwischen der schwarz uniformierten SS stach er heraus wie ein Hund in einem Käfig voller Katzen. In diesem Stadium des Krieges wurden Männer, die in der Armee gedient hatten und kriegsversehrt waren wie Hildebrandt, der offen über seine Verwundung sprach, zum Wachpersonal abkommandiert. Die Wachmänner in unserem Arbeitslager waren im Grunde keine schlechten Menschen, sie erhielten Anordnungen und gehorchten ihnen widerstrebend. Die Erwachsenen hatten ein Gespür für das entwickelt und erinnerten sich noch an das schreckliche Verhalten der Wachen in Stutthof, die ihre Arbeit richtig genossen. Einer der Wächter hatte zweifellos ein Auge auf die Kapo seiner Brigade geworfen, obwohl nach außen hin alles normal erschien. Die Frauen beobachteten das Gesicht des Wächters und die Art, wie er die Kapo ansah. Sie mußte so um die zwanzig Jahre alt sein, und er war Anfang dreißig. Er benahm sich nicht wie ein echter Nazi, irgend etwas schien mit ihm nicht zu stimmen.

Die Vielfalt menschlicher Verhaltensweisen liegt jenseits unseres

Fassungsvermögens. Sie weben sich ein in den feingearbeiteten Teppich, der sich Menschheit nennt, und entfalten sich, um sich irgendwann darin zu verlieren. Die gutgesinnten Skandinavier, die für ihre Aufrichtigkeit und ihren Sinn für Gerechtigkeit bewundert wurden, förderten ebenfalls Abarten zutage. Unter den SS-Männern stach einer durch seine fremdartige Uniform und seine auffällig schlechte deutsche Aussprache hervor. »Mutter, warum trägt er eine braune Uniform?« fragte ich. Er ging niemals mit den Arbeitskolonnen mit, sondern beobachtete die Häftlinge aus seinen kleinen, stechenden Augen, immer wenn sie für die spärliche Tagesration anstanden. Es mußte nicht viel passieren, damit er zur Peitsche griff. Irgendeine Frau wurde immer Opfer seiner brutalen Schläge. Einmal bekam ich die Spitze seiner Peitsche zu spüren. Glücklicherweise war es Winter, und meine Kleidung schützte mich etwas. Abgesehen davon ließ er nach ein paar Schlägen von mir ab, da er an diesem Tag in einer übermäßig großzügigen Stimmung war. Er war ein Sadist – so sagten die Frauen –, und dabei war er nicht einmal Deutscher, sondern Norweger. Er kam aus einem Land, dessen Nachbar, Dänemark, einen König besaß, der sich auf kluge Weise gegen Hitler gewehrt und damit die Absichten dieses Wahnsinnigen durchkreuzt hatte. Der Besetzung Dänemarks war eine Verordnung der neuen Machthaber gefolgt, welche den Juden das Tragen des gelben Sterns befahl. Unmittelbar darauf trugen der König und die Königsfamilie den gelben Stern. Bald folgte die Bevölkerung König Olafs Beispiel. Von den Besatzern zur Rede gestellt, berief er sich darauf, ganz im Sinne der Befehle des Führers zu handeln. »Hier gibt es keine Juden«, sagte er, »nur Dänen, und wenn meinen Bürgern befohlen wird, einen Stern zu tragen, muß ich doch mit gutem Beispiel vorangehen.« Dies brachte die Nazis in eine Zwickmühle, und sie mußten einräumen, daß es in Dänemark keine Juden gibt.*
Diese Jahreszeit war zu wichtig, um an Unsinn zu denken. Immer wenn ich zum Sammeln der Grasbüschel geschickt wurde, war ich

* Die Haltung der Dänen wird aufgrund der beispiellosen Rettung vieler dänischer Juden oft ins Legendäre verklärt. Historisch verbürgt ist die große Sympathie des dänischen Königs gegenüber den Juden seines Landes. Vgl. dazu Hermann Weiß, Dänemark, in: Wolfgang Benz (Hg.), *Dimension des Völkermords. Die Zahl der jüdischen Opfer des Nationalsozialismus*, München 1991.

damit beschäftigt, die reifenden Beeren zu beobachten und zu zählen. Ich entwickelte eine genaue Kenntnis der Reifezeit der Beeren, und in dem Gebiet, in dem ich meine Grasbüschel sammelte, kannte ich jedes eßbare Gewächs und wußte, an welchem Tag wie viele Beeren reifen würden. Die wilden Erdbeeren gingen zu Ende, dafür aber begannen die Blaubeeren zu reifen. Ein halsstarriger Baum, den die Erwachsenen übersehen hatten, trug immer noch Äpfel. Ich hatte viel Zeit damit verbracht, in den Zweigen nach den letzten Früchten zu suchen und sie mir – wie ein Affe – zu holen. Manche hingen gefährlich hoch, so daß mich meine Höhenangst davon abhielt, zu ihnen zu gelangen. Dafür hatte ich ein anderes Mittel gefunden und verfolgte mein Ziel mit Steinen. Einmal kam es beinahe zu einer Katastrophe, da ein ziemlich großer Stein nur um Haaresbreite den Kopf einer Frau verfehlte. Darauf verbot man mir, weiterhin mit Steinen nach den Früchten zu werfen.

Die Jahreszeit änderte sich, und es wurde allmählich kälter. Nachts fror ich und schlief mit den Innenschuhen, die meine Mutter mir genäht hatte. Obwohl ich mit Mantel und Decke zugedeckt war und zusammengekuschelt zwischen Mutter und Haja lag, wurde es mir nie richtig warm. Als die Nächte länger und unglaublich kalt wurden, ließ mich Mutter meine beiden Kleider nachts übereinander anziehen. Ein paar Monate nachdem unser Obstvorrat erschöpft war, wurde unsere tägliche Essensration gekürzt. Käse stand nicht mehr auf dem Speiseplan, und so gab es morgens nur noch Brot und Kaffee. Der Hunger wurde einmal mehr mein ständiger Begleiter.

Es wurde nun sehr früh dunkel. Meistens schlief ich ein, während Haja uns ihre Lebensgeschichte erzählte. Sie erzählte ihr Leben in Fortsetzungen und war als einzige in redseliger Verfassung. Sie sprach so lange, bis eine Frau ihr befahl, endlich den Mund zu halten. Hajas Heirat war von ihren Eltern arrangiert worden. Hillel, der Mann, den sie liebte, kam als Ehemann nicht in Frage. Denn er war ein Student an der Yeshiva-Schule und würde sein Leben damit verbringen, jedes einzelne Wort der Bibel und des Talmud zu interpretieren. Hierfür sollte er die Tochter eines reichen Mannes heiraten, damit deren Vater in der Lage wäre, die zahlreichen Kinder zu unterstützen. Wie so oft hatte Gott befohlen. Hajas Eltern waren arm, so verheirateten sie sie mit Aron, dem Goldschmied. Er war genauso alt wie ihr Vater und außerdem noch häßlich; jedesmal, wenn er sie anfaßte, ging sie in die Waschküche, um sich zu übergeben. Dann wurde ihr Sohn Berrale geboren und gab ihrem Leben einen Sinn. »Um euch die Wahrheit zu sagen, ich war froh, Aron los zu sein, nachdem die Deutschen ihn zu Beginn des Krieges mitgenommen hatten. Berrale war mein Leben, doch dann nahmen sie ihn mir während der Kinderaktion. Das ist meine Strafe dafür, daß ich Aron den Tod gewünscht habe. Was habe ich nur gewollt? Aron war immer gut zu mir, und ich wußte, daß Hillel mich niemals heiraten konnte. Und nun habe ich meine Strafe bekommen, *oj wej, oj wej.*« Wenn ihr niemand Einhalt gebot, jammerte sie die ganze Nacht. Es gab viele Versionen ihres Lebens, und niemals konnte ich herausfinden, wo ihre Geschichte begann und wo sie aufhörte.

Morgens war unser Zelt steifgefroren. Die Kälte, die von der harten Erde ausströmte, kroch durch die Strohmatratzen hindurch in unsere Körper. »Ihr werdet in ein anderes Lager überführt, das für den Winter besser geeignet ist«, verkündete zu unserer großen Erleichterung der »Schnabel« an einem bitterkalten und windigen Morgen. Wir marschierten zu einem Bauernhof in der Nähe eines Dorfes; eine große Scheune wurde uns als Behausung zugewiesen. Wir richteten uns ein so gut es ging und machten uns Betten im Stroh. In der Scheune war es wesentlich wärmer als in den Zelten, dennoch zogen wir auch hier unsere Kleider nicht mehr aus. Man schlief mit Mütze, Stiefeln und den dürftigen Habseligkeiten im Rücken. Der Hof war gebaut worden, um die Kühe während des Winters unterzustellen. Nicht, daß unsere Lumpen uns warm hielten, der Wind schnitt in unsere Körper wie ein scharfes Messer, aber die armen Rinder hatten ja nicht einmal etwas zum Anziehen.

Nichts ist zu vergleichen mit dem unbarmherzigen Nordwind, wenn dieser sich an kalten Wintertagen dazu entschließt, seine Visitenkarte zu hinterlassen. Der Gast benimmt sich schlecht, denn als Dank für die Gastfreundschaft bringt er Verwüstung. Er pfeift bedrohlich durch hohe Kiefern und bringt seine grausamen Verwandten mit, die gewaltsam wüten, ohne jeden Sinn für Verantwortung. Er gibt eine Kostprobe seiner Stärke, indem er die Menschen durch die Luft wirbelt. Er brüstet sich vor seinem Freund Väterchen Frost damit, daß er besser und der weitaus Stärkere sei, und sie versuchen sich gegenseitig zu übertreffen im Ausmaß der Zerstörung, das sie anrichten.

Das Bauernhaus blieb dem Wachpersonal vorbehalten; der Melkraum diente uns als Küche, und wir wurden in den Kuhstall und auf den Heuboden gepfercht. Um den Heuboden zu erreichen, mußte man über die Körper zu einer Leiter steigen. Die Kühe waren natürlich weggebracht worden, damit wir während des Winters dort hausen konnten. Zu Anfang des Winters, als wir gerade auf den Bauernhof gezogen waren, bekamen wir Besuch von dem erwähnten undankbaren Freund, dem Wind, der als Souvenir einen Teil des Stalldaches mitnahm. Wir verbrachten eine furchtbare Nacht, in der wir schutzlos den Elementen ausgesetzt waren. Selbst den Läusen war es zu kalt, so daß sie uns gnädigerweise für diese Nacht in Ruhe ließen. An Tagen wie diesem wurden wir von der Arbeit befreit. Ich weiß nicht, ob das wirklich uns zuliebe geschah oder ob nicht viel mehr das Wachpersonal der Kälte nicht gewachsen war. Als der Wind schließlich nachließ, brachte uns jemand Werkzeug und Holz, und gemeinsam setzten wir das Dach wieder instand.

In diesem Winter begegnete ich der schlimmsten Qual, unter der ich während des Krieges gelitten habe. Parasiten sind hassenswerte Genossen. Ich spreche weder von der schönen Mistel, die sich vom Saft anderer Pflanzen nährt, noch von den menschlichen Parasiten, die sich an ihre Nachbarn halten, um materielle Güter zur Erfüllung ihrer Bedürfnisse einzuheimsen. Ich spreche nicht einmal von den Parasiten, die sich von Unrat ernähren. Der Geier und seine streunenden Gesellen erfüllen eine wichtige Funktion innerhalb der Natur, indem sie die Abfälle fressen und so die Ausbreitung von Krankheiten verhindern. Diesen Funktionen liegt eine Gesetzmäßigkeit zugrunde, die nach einer wohlüberlegten Ordnung und einem genauen Plan das Gleichgewicht des göttlichen Universums im Lot hält.

Ich spreche vielmehr von denjenigen, die den Menschen das Leben aus den Adern saugen. Kein Wunder, daß so viele blutrünstige Mythen über Dracula erfunden wurden. Die Tiere mußten lernen, sich gegen die Flöhe zu wehren; die Affen benutzen ihre Hände, um sich gegenseitig von ihnen zu befreien. Sie fressen die Störenfriede, um ihren Mangel an Eiweiß wieder auszugleichen. Der tödliche

Moskito verspritzt sein Gift schnell, um mit seiner Beute davonzufliegen. Die Bettwanze brütet in der Regel unter der Tapete und in den Matratzen. Wir hatten eine ganze Menge Wanzen im Ghetto. Mein Zorn aber gilt der gemeinsten der Gattung, der Laus, die sich durch menschliches Blut am Leben erhält. Tagsüber versteckt sie sich, pflanzt sich fort und geht in der Nacht zum Angriff über. Natürlich müssen sie sich von irgend etwas ernähren, aber warum ausgerechnet von unserem dahinsiechenden Fleisch?

Die Begegnung mit den Läusen, die unserem Leben im Arbeitslager so zusetzten, war das schlimmste Übel, das mir je widerfahren ist. Läuse werden vom Stroh angezogen wie die Bienen vom Honig, stoßen sie dabei zusätzlich noch auf Menschen, so haben sie ihre Nische gefunden. Nachts, wenn wir uns im Stroh aneinanderkuschelten, waren sie da, um uns Blut und Leben aus den Körpern zu saugen – sie waren unsere Barometer. In den Zelten, in denen wir den Sommer und Herbst über gelebt hatten, waren wir im ständigen Kampf mit ihnen erfolgreich gewesen. Wir konnten unsere Kleidung ausziehen und sie töten. Sie legten ihre Eier in die Säume unserer Kleider, wo wir sie suchten, um sie und ihre Eier zu finden und um sie – in Abänderung von Brutus' Vergleich mit der Schlange – »in ihren Schalen zu töten«.

Wie die Affen durchkämmten Mutter und ich uns gegenseitig die Haare nach Läuseeiern, um die schmarotzenden Räuber zwischen unseren Fingernägeln zu zerdrücken. Ich erinnere mich nicht an das Vorhandensein von Seife, wohl aber daran, daß ich mich mit Erde wusch. »Wenn du dich gut mit Erde abreibst, kannst du allen Schmutz und Schweiß entfernen«, sagte sie oft und machte sogar einmal die gleiche Prozedur mit meinem Kleid. Im vorigen Arbeitslager hatte es wenigstens richtige Wasserhähne und eine ausreichende Wasserversorgung gegeben. In unserem winterlichen Lager konnten die Läuse ungestört und nach Herzenslust brüten. Während der kalten Tage schliefen sie, gut aufgehoben im Saum unserer Kleider. Selbst ihnen war der Winter zu kalt. Aber in der Nacht, wenn die müden, immer hungrigen Körper sich aneinanderdrängten, um sich zu wärmen, vollständig bekleidet und mit Schuhen an den Füßen, ausgestattet einzig mit einer dünnen Decke, dann kamen die Räuber in voller Stärke, um uns das Leben aus den ausgemergelten Körpern zu saugen. Sie trugen zum großen Teil die Verantwortung für den Tod, der nun um sich griff.

Ich wunderte mich darüber, daß wir nicht mitsamt dem Stall desinfiziert wurden, obwohl die Gründe klar auf der Hand lagen: Unsere Körper waren in diesem Stadium bereits vollkommen aufgebraucht. Die Gräben waren beinahe vollendet und wir nun wirklich überflüssig, reif für den Müll oder, viel schlimmer, reif für das Krematorium. Es ist genausogut möglich, daß die Wachmänner zu diesem Zeitpunkt des Krieges im Bewußtsein der bevorstehenden Niederlage die Anordnungen wie Automaten befolgten und nur noch mechanisch Bewegungen ausführten ohne das geringste Interesse für ihre hungernden, verlausten Häftlinge. Sie waren genauso hoffnungslos wie wir in dem Netz gefangen. Über die langen Jahre der Hitlerdiktatur und des Krieges hinweg waren sie unfähig zu eigenständigem Denken geworden, und so fehlte ihnen jegliches Urteilsvermögen. Sie waren im Grunde keine grausamen Menschen, sondern lediglich darauf konditioniert, Befehlen zu gehorchen. Und die Desinfizierung des Lagers stand eben nicht auf der Tagesordnung.

Hildebrandt, ein Österreicher aus der Gegend von Hitlers Geburtsort, tat alles, was in seiner begrenzten Macht stand, um uns zu helfen. Es ist schwer zu ergründen, wie und warum den Aufsehern und Leitern der Konzentrationslager jedes menschliche Gefühl abhanden gekommen war. Viele waren schlicht Psychopathen, dazu ermutigt, ihre dunklen Seiten zu ergründen, was sie in vollen Zügen genossen. Obwohl diese in die gefürchteten Uniformen der SS gekleideten Soldaten den Befehlen folgten, so wie es gut dressierten Soldaten anstand, zeigten sie gelegentlich einen Anflug von schlechtem Gewissen oder Unbehagen. Der »Schnabel«, der uns ununterbrochen anbrüllte und jederzeit Exekutionen anordnen konnte, zeigte nun manchmal einen Schimmer von Mitleid. Die Wächter waren überwiegend Kriegsversehrte, die wie Hildebrandt dauerhafte Verletzungen erlitten hatten und deshalb vom Kriegsdienst freigestellt worden waren. Man hatte ihnen Arbeiten zugewiesen, die sie trotz ihrer Behinderungen ausführen konnten. Was war weniger beschwerlich, als eine Gruppe vollständig ausgezehrter Frauen zu bewachen, die sich einfach nicht mehr wehren konnten?

Während der Arbeit in den Gräben hörten wir nun häufig Sirenen und Flugzeuge. »Für die Nazis werden die Gräben bald nutzlos geworden sein. Es hört sich so an, als geben die Russen ihr Bestes«, rief eine Frau. »Man sollte die Nazis in ihren eigenen weitläufigen Gräben begraben. Ich habe sie verflucht, und meine Verwünschungen gehen immer in Erfüllung.« Als Beispiel dafür erzählte sie uns von einer Frau, an der sich ihr Fluch erfüllt hatte. Selbst ich konnte erkennen, daß sie eine gehässige Frau war.

Die Schwester einer Kapo berichtete uns von einem Gespräch, das die Kapo unter den Aufsehern belauscht hatte. Aus ihm ging hervor, daß der Krieg verloren war und die Alliierten aus allen Richtungen vordrangen. Viele Städte des »Vaterlandes« waren schweren Bombardierungen ausgesetzt.

Obwohl es kaum vorstellbar war, verschlechterte sich unser Zustand zusehends. Die Nahrung wurde noch weiter rationiert, und wir bekamen nur noch einmal am Tag zu essen. Eine dünne, wässerige Suppe und eine Brotkruste am Abend war alles, was es noch gab. Morgens bekamen wir Ersatzkaffee, und mein Magen knurrte in Erwartung von Hildebrandts belegten Broten. Wir gruben weiter, denn die Befehle mußten erfüllt werden. Wir hieben in die harte Erde in der Hoffnung, dadurch etwas warm zu werden. Schwere Spitzhacken waren der Sammlung von Werkzeugen hinzugefügt worden und lagen nun am Eingang unserer Scheune.

Fast hätte ich vergessen, unsere Toiletten zu erwähnen. Sie waren von derselben Art wie die bei den Obstgärten, nur gab es im Winter keine Blätter, und wir konnten unsere Haufen nicht bedecken, da die Erde hart wie Stein war. Das machte aber nichts, da die Haufen schnell gefroren und nicht stanken; außerdem gab es bei der Kälte keine Fliegen. Ich wünschte mir so sehr, daß die Läuse dasselbe Schicksal ereilte, ihnen aber war es im Stroh und in unserer Kleidung warm genug, so daß sie uns auch weiterhin in das bißchen Fleisch bohrten, das uns an den Knochen hing. Das Überleben unter diesen Bedingungen war alles andere als einfach, und jeder Tag war ein Geschenk. Hildebrandt schlug fortwährend die Hände aneinander, um sich warm zu halten. Insbesondere an sehr kalten Tagen blieben wir immer in Bewegung, um nicht zu erfrieren.

»Glaubt ihr wirklich, daß das schon Kälte ist?« sagte Hildebrandt öfters. »Das ist noch gar nichts. Damals, als Soldat im Ersten Weltkrieg, hab' ich vielleicht gefroren, aber nichts ist vergleichbar mit Rußland. Ich habe meine Füße in Rußland verloren, sie sind abgefroren.« Und er klopfte an seine Lederstiefel. »Beide weg, die hier sind künstlich«, versuchte er uns aufzumuntern. An den Tagen, an denen der Wind ganz besonders wütete und mich beinahe umwarf, erlaubte er uns, mit ihm gemeinsam im Bunker Schutz zu suchen. Einmal sammelten wir Holz, und er machte ein Feuer. Er erzählte uns von seinen Söhnen, die beide im Kampf »für das Vaterland« gefallen waren und zeigte Photos von seinen Enkelkindern. Es war nicht erlaubt, zu reden oder Kommentare abzugeben. Er hielt sich an die Anweisungen, auch wenn er sie etwas lockerte. Ihm war es gestattet, sich ein Feuer zu machen, und er war angewiesen, nicht mit den Gefangenen zu reden. Schon allein um seine Befehle zu erteilen, mußte er jedoch das Wort an uns richten, und er baute seine Befehle eben ein bißchen aus. Er erzählte uns sogar von seinem Geburtsort in Österreich, der genau 38 Kilometer von dem des berühmten Führers entfernt lag.

Es war bereits dunkel, wenn wir von der Arbeit kamen. Hungrige, ausgezehrte Menschen, die begierig auf die einzige spärliche Mahlzeit des Tages warteten. Der norwegische Wachmann ließ uns nicht aus den Augen; während wir unsere Schüsseln den Küchenkapos entgegenstreckten, wartete er auf sein nächstes Opfer. Eine der Frauen sagte zu der Kapo: »Rührst du die Suppe um, damit sie etwas dicker wird?« Das Essen wurde in dem alten Kuhstall des Hofes zubereitet. Er hatte einen Boden und Mauern aus Beton sowie einen großen, torähnlichen Eingang, vor dem wir uns zum Essen anstellten. In der Toreinfahrt standen lange Tische, hinter denen das Küchenpersonal unter der Aufsicht der Küchenkapo, die Ärger vermeiden sollte, die Suppe in unsere Metallschüsseln goß. Es verging kaum ein Tag, an dem der Norweger mit den verschlagenen Augen und den nervösen Händen nicht zugegen war und eine der Frauen auspeitschte. Als Junge muß er den Vögeln und Schmetterlingen die Flügel ausgerissen haben, da er ein geborener Sadist war und sich wohl fühlte, sobald er andere quälen konnte. Spätestens durch ihn bekam ich eine Idee davon, was ein Sadist ist.

Das Küchenpersonal war in einer anderen Verfassung als wir. Am auffälligsten war, daß sie nicht so dünn waren. Sie wurden gehaßt und mit Verdächtigungen überhäuft. Wir vermuteten, daß sie uns die guten Brocken wegaßen, denn seit langem fehlte das Fleisch in der Suppe. Sie müssen es uns weggeschnappt haben, lautete eine der häufigsten Klagen während der Arbeit, bei der das Küchenpersonal uns nicht hören konnte. Sobald wir jedoch mit ihnen gemeinsam in der Scheune waren, gaben wir uns äußerst zuvorkommend und faßten sie mit Samthandschuhen an. Es lohnte sich wirklich nicht, eine von ihnen zur Feindin zu haben; glänzte man durch besondere Liebenswürdigkeit, so konnte man auf eine größere Scheibe Brot oder eine vollere Kelle Suppe hoffen.

Die Frauen, die zum Küchenpersonal gehörten, standen in dem heimlichen Ruf der Arschkriecherei. In einem späteren Stadium, als mehr und mehr Frauen starben, nahm die Küchenkapo die schwächsten von uns eine Weile zu sich in die Küche, und die stärkeren Frauen mußten zum Arbeitseinsatz. Die Frauen klagten darüber, daß die Suppe täglich dünner wurde und fühlten sich von den nach ihnen kommenden übervorteilt. Sie verdächtigten sie, die wenigen nahrhaften Brocken davonzutragen, während sie als erste nur die dünne Suppe bekamen. Um dem Norweger keinen neuerlichen Anlaß zum Peitschen zu geben, wurde die Suppenkapo leise auf litauisch dazu gebracht, die Brühe nochmals aufzurühren. Dabei mußten wir sehr vorsichtig ans Werk gehen, nachdem wir gesehen hatten, wie dieses Scheusal eine Frau auspeitschte und sie dann ohne Essen wegschickte, da sie es in seiner Hörweite gewagt hatte, die Suppenkapo um das Aufrühren der Suppe zu bitten. Ich glaube, sie wäre in der nächsten Nacht gestorben, hätte die Küchenkapo nicht die kalten Reste vom Boden des Kessels gekratzt, um sie ihr zu bringen. Wir anderen sahen mit hungrigen Augen zu, wie sie die nahrhaftesten Brocken der Mahlzeit verschlang. Vielleicht dachte die Frau ja jetzt, daß es sich für dieses Essen fast gelohnt hatte, die Peitschenhiebe zu ertragen.

»Jeder Tag ist Jom Kippur«, klagten die hungernden Frauen. In der jüdischen Religion ist Jom Kippur – der Tag der Buße – ein heiliger Festtag. An diesem Tag geht man zur Abendzeit, vor der Dämmerung und dem Erscheinen des ersten Sterns am Himmel, in die Synagoge, um ein Sündenbekenntnis abzulegen. Alle erdenklichen

Sünden und Handlungen, von denen man nicht gedacht hätte, daß sie gegen ein Gebot verstoßen, werden an diesem Abend und dem folgenden Tag aufgezählt, und man bittet Gott um Vergebung. Sobald Venus am Himmel erscheint, darf weder gegessen noch getrunken werden, und dieses Gebot gilt bis zur Dämmerung des nächsten Tages. Der einzige Grund, um dieses Gebot zu brechen, ist Krankheit, denn das Leben gilt als das kostbarste von allem. Dieses Gebot wird von den religiösen Juden und sogar von den weniger religiösen strikt eingehalten.

Mein Bauch schmerzte vor lauter Hunger, ich wollte das wenige auf einmal hinunterschlingen und mit Mutter streiten, während sich die Läuse in meinen Körper fraßen. Mutter erlaubte mir nie, das ganze Stück Brot auf einmal zu essen; ich mußte immer einen kleinen Rest übrigbehalten. Sie wußte, daß der Körper eines Kindes mit einer Mahlzeit am Tag nicht überleben konnte. Das belegte Brot von Hildebrandt blieb nun schon seit längerem aus, vermutlich hatten die Wächter auch nicht mehr viel zu essen. Die Nächte wurden nun unerträglich. Mutter hielt mir die Hände hinter dem Rücken zusammen, damit ich mich nicht wegen der Läuse blutig kratzte. Ich hatte Hunger, mir war kalt, und ich weinte mich in den Schlaf. Gott, vergib mir die vielen Beschimpfungen, die ich meiner armen Mutter an den Kopf geworfen habe. Ich zweifle daran, daß ich die Kraft gehabt hätte, das zu tun, was sie getan hat, und meine Klagen zu ertragen. »Gib mir mein Brot«, schrie ich. »Du bist egoistisch. Du willst doch nur mein Brot selber essen, sonst würdest du es mir geben.« Sie ertrug das alles, mein Geschrei und meine Anschuldigungen, und morgens bekam ich mein Brot, und all die anderen hatten nichts. Manchmal versuchte ich wachzubleiben, um das Brot zu klauen, das sie unter ihrem Mantel versteckte. Ich hörte nicht auf, meine Mutter anzuklagen und zu beschimpfen, bis sie mir in ihrer Verzweiflung sagte, daß sie nur aus Rücksicht auf mich keine Kapo geworden war und immer genügend Essen gehabt haben würde. Ich finde nicht die würdigen Worte, um ihre Kraft zu beschreiben.

Viele Frauen starben in der Nacht, sie wachten am Morgen ganz einfach nicht mehr auf. Ich erinnere mich noch daran, daß die Frau neben mir nicht mehr wach wurde. Sie fühlte sich kalt an.

Wir mußten weiter zur Arbeit, obwohl der Frost uns durch Mark und Bein ging. Die Schaufeln waren schwer genug, so daß wir froh waren, daß die großen Frauen die Hacken trugen. Gerade hatten wir die Bunker und Gräben, bei denen wir arbeiteten, erreicht, als ich feststellte, daß Hildebrandt an jenem Morgen wieder kein belegtes Brot für mich hatte. Ich sehnte mich die ganze Nacht hindurch nach dem warmen Kaffee und dem Brot, das die Mutter vor mir versteckte.

In der Nähe der Gräben stand ein Haus, aus dessen Schornstein der Rauch blies. Wir blickten sehnsüchtig auf das Haus und verzehrten uns nach der Wärme, für die das Haus stellvertretend stand. Wir sahen den Rauch zum Himmel steigen, und die Phantasien von dem Essen, das dort zubereitet wurde, brachten uns noch um den Verstand. Wir waren verzweifelt in unserem Verlangen nach Wärme und Nahrung. Dieses Haus war für uns wie ein Leuchtturm in der Ferne; es stand für Hoffnung und Leben. Wir sprachen ständig von dem wundervollen Essen, das dort zubereitet wurde. An diesem speziellen Tag nahm mich Hildebrandt beiseite, deutete auf das Haus unserer Träume und sagte: »Geh dorthin!«* Andere versuchten, mir zu folgen. Mit seinem Gewehr hielt er sie zurück und sagte: »Nur die Kleine.« Das ließ ich mir nicht zweimal sagen; ich rannte zu dem Haus und klopfte zaghaft an die Tür. Ich wurde hereingelassen ins Warme, und das erste, was ich sah, war ein großer, mit Kugeln und Lichtern geschmückter Baum. Zwischen der Dekoration hingen Kekse und andere Süßigkeiten. Meine Gastgeber breiteten auf Zeitungspapier Brot und Schinken vor mir aus, was ich ohne ein Wort des Dankes verschlang. Ich fiel über die Speisen her wie ein gefräßiges Tier; ich konnte mich nicht daran erinnern, je etwas so Köstliches gegessen zu haben. Man reichte mir eine heiße Flüssigkeit in einer Porzellantasse und tischte mir immer mehr auf. Als ich endlich aufsah, merkte ich, daß die ganze Familie mich schweigend beobachtete und den Erwachsenen die Tränen über die Wangen liefen. Ich konnte nicht verstehen, warum sie so traurig waren, wo sie doch all dies Essen und die Wärme hatten. Sie gaben mir soviel ich tragen konnte mit auf den Weg, und ich versteckte die Gaben unter meinem Mantel, um sie meiner Mutter und den anderen Frauen zu bringen.

* Im Original deutsch.

Mein Magen war an das viele Essen nicht gewöhnt, es fehlte nicht viel, und ich wäre ernsthaft krank geworden.

In Anbetracht des rauhen Wetters wurden unsere Überlebens-chancen immer geringer. Wir froren fortwährend, obwohl die Nächte unmerklich wärmer wurden und wir uns im Stroh aneinan-derschmiegten wie die Sardinen in der Konservendose. Es war nicht kalt genug, um zu erfrieren, nichtsdestotrotz fraß sich die Kälte in unsere Knochen und ließ uns zur völligen Reglosigkeit erstarren. Durch den täglichen Marsch zur Arbeit tauten unsere Glieder für kurze Zeit auf, aber da wir jetzt auf einer Anhöhe gruben, blies uns der unbarmherzige arktische Wind zu Boden.

Die dürren Körper der Frauen in ihren Kleidern, die kaum mehr waren als Lumpen, sahen aus wie die Vogelscheuche, die ich mit Großvater in Kalautuva gesehen hatte. Das einsame Haus unter uns, aus dem fortwährend Rauch aufstieg, erinnerte uns an das Leben, wie es vor dem Krieg gewesen war. Es brachte die Erinnerung an Kaminfeuer und angenehm gefüllte Bäuche. Mit Sehnsucht betrach-teten wir das Haus, das für uns ein Symbol der Hoffnung war. Manchmal wollte ich mich einfach nur noch hinsetzen und schlafen, aber Mutter ließ das niemals zu. »Du wirst erfrieren, wenn du dich hinsetzt.« Die Erde war hart, und die Frauen kamen mit den schwe-ren Hacken nicht mehr zurecht.

Herr Hildebrandt sagte, daß uns etwas Arbeit für kurze Zeit gut täte, da der Kreislauf angeregt würde. Nach etwa einer Stunde er-laubte er uns, zu dem Bunker zu gehen und uns am Feuer zu wär-men, auch wenn er damit gegen die Vorschriften verstieß. Er hatte immer eine Zeitung dabei und zeigte mir, wie ich das Feuer damit anfachen mußte. Dann gab er mir einen Bissen von seinem Brot, das ich sofort verschlang, damit die anderen nichts davon merkten. War das Feuer einmal angezündet, begannen die Frauen zu reden. Ein-mal hatte eine Frau den Mut, Hildebrandt nach dem Verlauf des Krieges zu befragen, aber er wurde daraufhin sehr wütend und schrie sie an. Unsere Kapo mußte uns darüber belehren, daß es ver-boten war, auch nur ein Wort an einen Aufseher zu richten. Dies durfte nur durch ihre Vermittlung geschehen. Sie flüsterte beinahe, als sie uns beschwor, nichts zu besprechen, was mit den Deutschen und dem Krieg zusammenhing. Da man davon ausgehen mußte, daß

Hildebrandt Jiddisch verstand, besprachen die Frauen diese Dinge von nun an auf russisch oder auf litauisch.

Die Zeit schleppte sich dahin, und die Tage schienen niemals enden zu wollen. Die verbliebenen Frauen ermutigten sich gegenseitig, dennoch verloren einige ihren Lebenswillen. Ich wußte nicht so genau, was sie damit meinten, folgte jedoch aufmerksam den Gesprächen der Frauen. »Es steht denen, die den Kampf verloren haben, auf dem Gesicht geschrieben. Die dort drüben hat ihren Lebenswillen verloren, und es würde mich wundern, wenn sie auch nur einen einzigen Tag überlebt. Ich habe mit ihr geredet und versucht, ihr etwas Hoffnung zu machen. Ein paar von uns haben sie heute morgen zum Aufstehen gezwungen, und das war nicht ganz einfach. Sie hat aufgegeben und möchte nur noch in Ruhe sterben.«

»Und wer sind wir denn, daß wir ihr erzählen können, was sie zu tun hat? Das einzige, was mich am Leben hält, ist der Gedanke, mich an den Schweinehunden zu rächen, wenn alles vorbei ist. Sie dürfen bei dem, was sie verbrochen haben, nicht ungeschoren davonkommen. Ich weigere mich, jetzt aufzugeben. Habt ihr letzte Nacht die Sirenen gehört? Die Alliierten geben es ihnen jetzt. Der beste Beweis dafür ist, daß sie ihr Interesse an den Gräben verloren haben. Ich glaube nicht, daß sie noch neue Befehle erhalten. Außerdem ist das Essen rationiert, obwohl man es in Anbetracht des Hauses nicht glauben würde. Dort kochen sie offensichtlich ganz normal.«

»Wahrscheinlich verfügen die Bewohner von einsamen Gegenden noch immer über Vorräte. Was würde ich nicht dafür geben, wäre ich in der Lage, in ihre Speisekammern einzubrechen. Am liebsten würde ich die Deutschen zum Ausheben der Gräben abkommandieren. Ohne Essen und ausreichende Kleidung würden sie nicht einen Tag überleben. Ich habe schon so lange gewartet, jetzt werde ich ganz gewiß nicht aufgeben. Ich werde bis zum letzten Atemzug um mein Leben kämpfen«, sagte eine andere.

Die Frau, über die sie gesprochen hatten, ging allein zu den Gräben. Erst viel später bemerkte Hildebrandt, daß eine Frau fehlte, und ordnete an, sie zu suchen. Sie wurde gefunden – eingeschlafen für immer. »Wie ein Tier, das sich von der Gruppe entfernt, um zu sterben«, sagten die Frauen. Das Reden war notwendig, um den langen Tag zu überstehen. Das Verlangen nach etwas Eßbarem wurde unerträglich; nach der kargen Mahlzeit abends lagen wir im Stroh und sprachen kaum mehr. Zum Reden fehlte uns die Energie, sie reichte nur noch für den Kampf mit den Läusen. Um mir die Zeit zu vertreiben, erzählte ich mir Märchen und Geschichten, in denen ich selbst mitspielte. Auch meine Mutter kam in diesen Märchen vor, vor allem nachts, wenn sie mir, wo ich doch solchen Hunger hatte, den Brotrest vorenthielt. Manchmal haßte ich sie. Eine meiner Lieblingsgeschichten, die ich erfunden hatte, war die von dem Engel, den ich an der Decke der Kathedrale gesehen hatte, die ich mit Onute besucht hatte. Der Engel stieg herunter und befreite mich aus diesem schrecklichen Ort und von meiner Mutter, die mir als fürchterliche, verkleidete Hexe erschien. Der Engel nahm mich mit sich fort und trug mich durch den Himmel zu meinem Vater, der in einem Schloß mit vielen netten Menschen lebte. Er bewahrte dort eine Menge Brot auf, und das war alles nur für mich. Ich aß und aß, und später saß ich neben meinem Vater, der eine große Schachtel von Großmutters Mickey-Mouse-Süßigkeiten auf dem Schoß hatte, aus der ich mich nach Herzenslust bedienen konnte.

Jedesmal rüttelte mich eine unbarmherzige Stimme aus meinen Träumen. Es war der übliche Weckruf »Alle aufstehen« – oder war es »Alles aufstehen«, was der Situation angemessener gewesen wäre, da die Frauen nicht mehr wie Menschen aussahen –, der mich in die schreckliche Realität zurückholte. Einige wenige sahen eigentümlich lebendig aus, und sie hatten einen wilden, rachsüchtigen Glanz in ihren Augen, der nicht zu den zerstörten und leblosen Gesichtern paßte. In der Morgendämmerung wurden wir aus den Betten gejagt und bekamen den lang ersehnten süßen Kaffee. Der Kaffee war das einzige, womit die Lagerleitung etwas großzügiger wurde; manchmal gab es sogar einige Extraportionen. Die warme Flüssigkeit half uns kurzzeitig, das Loch im Bauch zu stopfen, und für diesen einen Moment schien das Leben etwas erträglicher.

Mir kam es vor, als ob wir seit Jahren in diesem Arbeitslager wären, es konnten aber nur einige Monate gewesen sein. Die Zeit stand still.

»Wieder ein Tag, und ich danke Gott, falls ich die nächste Nacht überleben sollte«, so lautete der Morgengruß von Sara, einer Frau aus unserer Brigade.

»Ich wünschte, ich wüßte, wie lange dieses Grauen noch anhält. Ich habe gute Ohren, und ich meine, immer mal wieder ein schwaches Geräusch von Panzern und Maschinengewehren zu hören«, sagte eine der Frauen auf litauisch.

»Das denkst du nur, weil du es dir wünschst. Vermutlich findet gerade eine Massenerschießung statt, bei der sie diejenigen, die ihre Aufgabe erfüllt haben, umbringen. Wahrscheinlich warten sie nur darauf, mit uns kurzen Prozeß zu machen.«

Es fiel mir jeden Tag schwerer, mich zur Arbeit zu schleppen. Es erschien mir vollkommen unsinnig, weiterhin in die Kälte hinauszugehen, da wir im Grunde nichts mehr arbeiteten. Mutter trieb mich fortwährend an, und mit dem Bissen Brot blieb mir noch etwas Kraft zum Durchhalten. Morgens, wenn sie mir mein Brot gab, liebte ich sie, aber abends, wenn sie den Rest vor mir versteckte und mir verbot, mich zu kratzen, haßte ich sie. Je mehr man sich kratzt, desto tiefer fressen sich die Läuse in den Körper. Ich zwang mich, an andere Dinge zu denken, und zog mich in meine Welt der Träume und Märchen zurück. Doch auch das wurde zunehmend schwieriger, da es nicht leicht ist, an andere Dinge zu denken, wenn man hungrig und verfroren ist und und es überall juckt.

Meine Mutter wurde so dürr und häßlich wie eine Hexe. Ich mochte es nicht, sie so zu sehen, und wenn ich nachts weinte, weinte auch sie. Mutters Schluchzen klang sehr tief, es hörte sich an wie das Echo aus einem tiefen Brunnen. Mir brach es beinahe das Herz, neben ihr zu liegen und ihr Schluchzen mit anzuhören. Sie fing an, mit Gott zu sprechen und ihn um Gnade und Vergebung zu bitten für all ihre Sünden. Ich stimmte mit ein und bat um Vergebung für all das Essen, das ich vor dem Krieg stehengelassen oder nicht gemocht hatte. Ich fing an zu glauben, daß ich nun dafür bestraft würde, wie das kleine Mädchen in dem Märchen, das auf einem Brotlaib stehend zur Hölle gefahren war. »Lieber Gott«, bat ich immer von neuem, »gib mir etwas zu essen. Ich habe solchen Hunger. Bitte, wärme mich ein bißchen und nimm die Läuse weg; ich verspreche dir hoch und heilig, daß ich nie mehr etwas Schlechtes tun werde.« Eines Morgens sagte ich meiner Mutter, ich wünschte nun endlich tot zu sein, so tot wie Haja. Mutter zog mich an sich und sagte, daß ich nur noch ein bißchen durchhalten müsse, bald würde alles vorbei sein. Sie gab mir mein Stück Brot etwas früher als sonst. Ich war müde.

Die Küchenkapo überbrachte uns in dieser Zeit Neuigkeiten, die uns Mut machten. Sie hatte ein Gespräch zwischen den Aufsehern belauscht, in dem von heftigen Bombardierungen über ganz Deutschland die Rede war. Nur noch ein Wunder oder eine Geheimwaffe, die der Führer noch zurückhielt, konnte die Deutschen retten. Die Alliierten waren nun beinahe auf deutschem Boden, erzählte sie uns und gab uns damit Anlaß zu neuer Hoffnung. Es kursierten viele Gerüchte darüber, wann und wie wir gerettet werden würden, oder ob man uns vor unserer Befreiung nach Stutthof zurückbringen und dort ermorden würde.

Wie ein Bienenschwarm summten die letzten Neuigkeiten zwischen den Frauen in den Gräben hin und her, und jede von ihnen plante ihre Zukunft, an deren Anfang die Rache an den Nazis und den Kollaborateuren stand.

»Selbst wenn sie uns töten, habe ich die Freude der Gewißheit darüber, daß irgend jemand diese Schweinehunde bestrafen wird.«

»Keine Angst, mich werden sie nicht kleinkriegen. Sie werden mich nicht töten. Ich werde da sein, um mich zu rächen. Das ist das einzige, was mich am Leben gehalten hat, und ich werde gewinnen, ihr werdet sehen.«

»Falls du so lange lebst. Ich für meinen Teil weiß nicht mehr, wie wir noch durchhalten sollen. Wir werden bestimmt verhungern, noch bevor die Alliierten bis zu uns vordringen.«

»Sei kein Muselmann!« Dieses Wort hielt sich eisern in den Gesprächen, ohne daß ich mir einen Reim darauf machen konnte. Mutter mußte mir erklären, daß es sich um Menschen handelte, die eher tot als lebendig waren.*

Die meisten Gespräche wurden während der Arbeit geführt, wo wir außerhalb der Hörweite des Wachpersonals waren. Es war ungewohnt, die Leute wieder so sprechen zu hören wie damals in den Zelten. Der Winter hatte unsere letzten Reserven aufgebraucht, so

---

* Der Ausdruck Muselmann wurde in Konzentrationslagern zur Bezeichnung von Häftlingen verwendet, die durch Hunger, Entkräftung und Verzweiflung kurz vor dem Tod standen. »Muselmänner« erkannte man an ihrem zum Skelett abgemagerten Körper, an der über den Knochen straff gespannten gelblichen Haut, dem stumpfen und ausdruckslosen Blick. Als ein »Muselmann« hatte man keine Chance mehr zu überleben und starb nach wenigen Tagen. Der Ursprung dieser Bezeichnung ist ungeklärt.

daß wir fast jegliche Unterhaltung aufgegeben hatten. In Wahrheit waren wir wohl eine traurige Herde von »Muselmannen«, deren Leben aus dem Aufwachen, dem Gang zur Arbeit und dem Marsch nach Hause bestand und die schließlich, nach Erhalt der dünnen Suppe, auf dem Stroh zusammenbrachen, um etwas Erholung im unruhigen Schlaf zu finden.

Eine der Frauen, an deren Namen ich mich nicht erinnere, hatte etwas Besonderes an sich. Sie war zwar so dürr wie der Rest von uns, aber sie hielt sich aufrecht und hatte einen offenen Blick, obwohl sie mit niemandem sprach. Ich dachte, sie wäre taub, bis ich feststellte, daß sie auf Fragen, die man ihr stellte, antwortete. Wenn jemand stolperte oder fiel, was oft geschah, da wir zu schwach waren, um noch ordentlich zur Arbeit zu gehen, war sie die erste, die half. In ihren Augen leuchtete echte Teilnahme. Eines Tages sagte die Frau von sich aus: »Meine Damen, wollen Sie mit mir den Psalm sprechen.« Sie fing an, und die anderen stimmten mit ein: »Wenn ich in den Schatten des Todes trete, so werde ich das Böse nicht fürchten...« Ich ahmte die Frauen nach und betete laut zu Gott: »Lieber Gott, bitte hilf mir.« Im geheimen dachte ich, Gott müsse eine grausame, gemeine Person sein, ein böser Zauberer, der die Menschen immerzu quälte. Er war grausam, warum sonst hatte er seinen einzigen Sohn ans Kreuz schlagen lassen, wie mir Onute in der Kathedrale in Kaunas erklärt hatte. Und jetzt ließ er es zu, daß andere Menschen uns so viel Schlimmes zufügten. Er war es, der die Läuse erfunden und unsere Essensrationen gekürzt hatte.

In der Scheune waren die meisten Frauen wieder sehr still geworden; die einzigen Geräusche, die man noch hörte, waren das Stöhnen, Weinen und Husten der Elenden. Hier und da vernahm man von denjenigen, die noch nicht alle Hoffnung verloren hatten, ein leises Gebet. Jede Frau flüchtete sich in ihre eigene Welt persönlicher Qualen. Selbst Mutter sprach nicht mehr viel mit mir, obwohl sie das Brot weiterhin vor mir versteckte und mir der Läuse wegen die Hände auf dem Rücken zusammenhielt, so lange, bis ich einschlief. Sie erteilte mir immer noch Verweise und schnauzte mich an, aber sie verlor nicht mehr viele Worte, es sei denn, um Gebete zu flüstern. Erstickte Schluchzer drangen aus ihrer Seele.

Ich war verloren. Es gab nun niemanden mehr, mit dem ich sprechen konnte. Keiner wollte mir sagen, warum all diese schrecklichen Dinge geschahen. Ich war mir sicher, nichts so Schlimmes getan zu haben, das diese harte Bestrafung rechtfertigte. Die einzige Zuflucht war meine erfundene Welt. Die Dinge schienen zeitweise dadurch erträglicher, zumindest konnte ich einschlafen und von der Wärme und vollen Bäuchen träumen. Zum Ende hin mußte ich mich jedoch sehr stark konzentrieren, um mir überhaupt noch irgend etwas vorstellen zu können. Die Wirklichkeit und die Anstrengungen, am Leben zu bleiben, nahmen mich ganz in Anspruch. Es geschah auch öfter, daß ich die Fähigkeit zur Unterscheidung von realem und vorgestelltem Leben verlor. Die Tage zogen sich so lange hin, daß ich schließlich ganz in der Vorstellung, meinem sicheren Reich lebte. Es war der letzte Ausweg eines Kindes, mit dem unerträglichen Elend umzugehen.

Die einzigen, die noch eine gewisse Ähnlichkeit mit Menschen hatten, waren die Kapos und das Küchenpersonal, und selbst diese begannen nun dünner zu werden. »Das ist ein gutes Zeichen«, sagten unsere Frauen, nachdem unsere Kapo uns auf litauisch erzählt hatte, daß das Brot rationiert werden würde und selbst die Aufseher nun weniger zu essen bekämen. Ich verstand jetzt, warum Hildebrandt nicht länger sein Brot mit mir teilte; er hatte für sich selbst kaum genug zu essen.

Als die Tage wieder kälter wurden, wurde das Leben immer schwerer. Die Erde war von einer dicken, weißen Decke überzogen; die Stille wurde einzig gestört durch unsere Anstrengungen, uns vom Stroh zu erheben, durch das Geklapper der Blechnäpfe, die an unseren Hüften baumelten, und durch das Knarzen unserer Stiefel. Wir schliefen in unserer vollen Montur, bekleidet vom Kopf bis zu den Füßen. Das einzige, was wir tagsüber zurückließen, waren unsere Decken, da wir sie nicht mitnehmen durften. Währenddessen machten es sich die zahllosen Läuse in den Decken bequem, um nachts zu erwachen und die Folter fortzusetzen.

In den letzten Wochen gab es überhaupt kein Brot mehr, und wir hatten nicht einmal mehr die Kraft, uns darüber zu beschweren. Wir waren mürrisch und teilnahmslos. Starb jemand, so erwachten wir aus der Lethargie und kämpften um die Kleider und die Decke der

Verstorbenen. Deshalb nahmen die Kapos die Habseligkeiten an sich, um sie an diejenigen, die es am nötigsten hatten, zu verteilen. Die auf die Art erworbenen Kleider wurden nicht getragen, sondern um Hände und Füße gebunden. Mutter hatte einige Kleiderfetzen bekommen, die wir uns um die Hände banden, um sie vor Erfrierungen und Frostbeulen zu schützen.

Wenn uns das morgendliche »Alles aufstehen« weckte, wollte ich meine Augen nicht mehr öffnen. Der Schlaf hielt mich gefangen, bis Mutter mich wachrüttelte. In diesem Zustand erinnerte ich mich nicht einmal mehr daran, daß sie Brot für mich hatte. Ich war müde und starr vor Kälte und wollte einfach nur noch in Ruhe gelassen werden, aber sie schüttelte und rüttelte mich, stopfte das Brot in meinen Mund, und der Geschmack holte mich in die Realität zurück. Meine Beine waren mit Wunden übersät, oft brach ich beim Gehen einfach zusammen, und Mutter mußte mich hinter sich herziehen. Gott sei Dank sprang Hildebrandt für mich ein, und ich mußte meine Schaufel nicht zur Arbeit tragen.

Jede Nacht wurden dem Stapel der Toten, der sich vor der Küche auftürmte, einige hinzugefügt; sie schliefen in eisiger Todesstille und warteten auf ihre Beseitigung. Sie waren die düstere Mahnung an die Lebenden, nicht aufzugeben. Die Arbeitsbrigaden wurden immer kleiner.

Jeder Schritt bedeutete Anstrengung und schmerzte, und ich verglich meine Qualen mit denen der auf Erden statt im Wasser wandelnden Seejungfrau aus einem Märchen, das ich von früher kannte. Ich war müde und wollte, daß Vater oder Großvater kämen, um mich von diesen Schmerzen zu befreien. Die Frauen sahen dürr und häßlich aus, schlimmer noch als die Vogelscheuchen in Stutthof. Diejenigen, die sich noch aufrecht hielten, hatten ein Feuer in den Augen, das mich an das Glimmen einer ausgelöschten Fackel erinnerte. Sie ermutigten sich gegenseitig durchzuhalten, da das Ende nun absehbar erschien. War das Glimmen der Fackel erloschen, so würden sie nicht mehr lange leben und unter der Sackleinwand hinter der Küche enden, so wußte ich aus Erfahrung.

Unsere Aufseher hielten sich nach wie vor streng an die Lagerordnung. Wir gingen für viele Stunden am Tag zur Arbeit; die Tatsache, daß es kaum mehr Arbeit gab oder nur wenige von uns überhaupt noch in der Lage waren zu arbeiten, spielte keine Rolle. Sie folgten eben ihren Befehlen, und was hätte es uns auch geholfen, den ganzen Tag im Kuhstall zu bleiben? Ich hörte zwei Frauen sagen, daß sie jetzt gerne in Stutthof wären, da sie dort am elektrischen Stacheldrahtzaun ihrem Leben ein Ende machen könnten. Die Elemente spielten Schach mit unseren wertlosen, verlausten und ausgezehrten Körpern. Die Kälte war unbeschreiblich. Es gab Zeiten, in denen man sich wie ein Eiszapfen vorkam.

Eines Abends, als wir von den Gräben zurückkamen und uns vor der Küche aufgestellt hatten, blieb die Suppe aus. Es gab nur noch heißen Kaffee und eine Scheibe Brot. Uns wurde mitgeteilt, daß wir das Lager am nächsten Morgen verlassen würden. Dies gab Anlaß zu vielen Spekulationen und dem Rätselraten darüber, was unsere nächste Station sein würde. Einige behaupteten, wir würden zurück nach Stutthof gebracht werden.

Man weckte uns früher als sonst, aber es gab keinen heißen Kaffee. Wir wurden auf unbekannten Straßen vorangetrieben. Der Weg kam mir unendlich lang vor, in Wahrheit war er wohl nicht länger als unser täglicher Gang zur Arbeit. Sie konnten uns nicht zu lange marschieren lassen, da niemand mehr die Kraft dazu hatte. Die Nahrungsvorräte waren fast vollständig aufgebraucht, und wir marschierten mit leeren Mägen. Diejenigen, die keinen Lebenswillen oder keine Energie mehr hatten, fielen einfach hin und rollten sich ein, um im Schnee zu sterben.

Man führte uns durch einen Wald bis an eine Lichtung, auf der ein riesiges, weißes Zelt errichtet worden war. Unsere Aufseher trugen neben den Gewehren Metallkanister auf ihren Rücken. Die Frauen munkelten, sie hätten Befehl, uns zu vergasen. Wir waren so schwach, daß es nur wenig von dem Gift bedurft hätte, um uns in ewigen Schlaf zu versetzen. Die deutschen Aufseher, die aus dem Befehlsgehorsam eine Tugend gemacht hatten und die unbekümmert die abscheulichsten Verbrechen begangen hatten, mißachteten an diesem einzigen Tag ihre Befehle und verließen uns, nicht ohne darauf hinzuweisen, daß die russischen Streitkräfte in unmittelbarer Nähe seien. Glücklicherweise war der Norweger nicht da; er mußte wohl rechtzeitig davongelaufen sein, vielleicht um erneut die Fronten zu wechseln.

Wir blieben uns selbst überlassen, ohne Verpflegung und ohne die leiseste Ahnung davon, wo wir uns befanden, geschweige denn, was aus uns werden sollte. Da waren wir: hungrig, schwach und abwartend. Manche sprachen leise miteinander, während sich andere, zu schwach, um weiter in Bewegung zu bleiben, im Schnee ausstreckten in Erwartung des Kältetodes. Es war eiskalt, wir waren steif gefroren durch die unbarmherzige Verbindung von Kälte und Hunger. Trotz der Aussicht, daß die russische Armee bald eintreffen würde, hatten wir nicht einmal mehr einen Funken an Energie, der einen Hoffnungsschimmer hätte entzünden können. Ich konnte die Verzweiflung nicht länger ertragen, und in Erinnerung an die Menschen in dem warmen Haus begab ich mich auf die Suche. Ich nahm mir vor, ein solches Haus, in dem es etwas zu essen gab, zu finden. Mutter war mittlerweile zu schwach, um mich zurückzuhalten; so ging ich einfach aus dem Zelt in den Wald hinein. Ich war noch nicht sehr weit gekommen, als ich stolperte. Vielleicht hatten auch meine Beine einfach nur versagt. Plötzlich wuchs eine riesenhafte Gestalt vor mir aus dem Schnee und verschloß mir mit der Hand fest den Mund. Jeder Alptraum war halb so schlimm wie diese wenigen Sekunden, in denen der Mann mich festhielt. Dann drehte er mich zu sich um. Mit großer Erleichterung sah ich den roten Stern auf seiner Mütze. »Nemka?«* fragte er, und als ich den Kopf schüttelte, lockerte er seinen Griff. Schluchzend und aufgeregt erzählte ich ihm, daß die Deutschen fort seien. Er ließ mich los, und das einzige, woran ich denken konnte, war, ihn um Essen zu bitten. Er griff tief in seine Manteltasche und holte eine trockene, alte Brotkruste hervor, die ich ihm aus der Hand riß und sofort verschlang. Ohne ihm zu danken, rannte ich zurück zu den anderen, um ihnen die wunderbare Nachricht zu bringen.

»Die Russen, ich habe einen Russen gesehen! Er hat mir Brot gegeben. Er hatte einen roten Stern auf seiner Mütze«, schrie ich.

»Wo ist das Brot?« spotteten die Frauen.

»Mutter, du weißt, daß ich nicht lüge«, jammerte ich und ging zu ihr. Auch sie dachte für einen Moment, daß ich alles erfunden hatte. Aber dann sah sie einen Brotkrümel auf meinem Mantel und rich-

* Russisch: »Deutsche?«

tete sich, den Beweis in ihrer Hand, zu ihrer vollen Größe auf. Mit heiserem Ton sprach sie in die Stille hinein: »Sie sagt die Wahrheit, hier ist ein Brotkrümel.«

Die Freude erweckte die zusammengekauerten, halbtoten Frauen zum Leben. Sie drängten sich um mich und wollten jede Einzelheit von mir erfahren. Ich mußte den Soldaten immer wieder beschreiben. »Es muß ein Soldat eines Spähtrupps gewesen sein«, sagte jemand. Aus der Ferne konnten wir nun das Donnern der Kanonen hören. Ein Flugzeug brauste über unsere Köpfe hinweg, und diejenigen, die nicht ganz so steif oder schwach waren, gingen nach draußen, um die Befreier zu begrüßen. Die Erde bebte beim Herannahen der ersten Panzer, die sich krachend auf dem schneebedeckten Grund vorwärts schoben. Wir sahen viele Soldaten, die uns Brot und andere Lebensmittel von den Lastwagen aus zuwarfen. Wie ein Rudel hungriger Wölfinnen fielen wir über die Lebensmittel her, aßen und aßen und sahen und hörten nichts mehr. Unsere Sinne waren ganz auf das Wunder des Essens gerichtet. Als die Soldaten von den Lastwagen herabstiegen, wurden sie von den Frauen umringt, sie küßten den Befreiern Hände und Füße, griffen nach ihnen und weinten heiße Tränen vollkommenen Glücks.

Gerade als wir aufgehört hatten, noch an die Möglichkeit einer Rettung zu glauben, und uns auf den Tod vorbereiteten, kam die Befreiung in Gestalt eines heruntergekommenen, halbverhungerten Bataillons der Roten Armee.

Epilog*

Nach der Befreiung wurde Renata zusammen mit ihrer Mutter in ein Erholungslager in einen polnischen Kurort gebracht. Ihres geschwächten Zustands wegen mußten sie sich dort viele Monate ärztlich versorgen lassen, bevor sie in der Lage waren zu reisen. Entgegen jedem Rat beharrte Rachel darauf, nach Litauen zurückzugehen, in der Hoffnung, ihre Tochter Carmela zu finden. Glücklicherweise hatte ihre Freundin Frau Balikenis Carmelas Spur verfolgt, die erst kürzlich von einem russischen Arzt und dessen Frau adoptiert worden war. Die näheren Umstände sind Renata nicht bekannt, sie weiß aber, daß ihre Mutter viel Zeit außerhalb des Hauses verbrachte, um die Beziehung zu ihrer Tochter wiederherzustellen. Nach ungefähr sechs Monaten wurden dann diejenigen, die von der Familie noch übrig waren, wieder vereinigt.

Daraufhin erbat Rachel die Unterstützung ihrer Verwandtschaft in Rhodesien, um zu emigrieren. Das war im Jahr 1947, der kalte Krieg hatte begonnen, und das Reisen durch den Eisernen Vorhang war nicht nur schwer, sondern auch gefährlich. Ausgestattet mit falschen Papieren, reisten sie über Polen, die Tschechoslowakei und England nach Afrika, wo all die Cousinen, Tanten und Onkel lebten, die Renata nur aus den Photoalben der Großmutter kannte.

Da Renata nur wenige Jahre in der Grundschule gewesen war, mußte sie im Alter von zwölf oder dreizehn Jahren beinahe wieder von vorne anfangen. Sie wurde in ein von deutschen Nonnen geführtes dominikanisches Kloster geschickt. Der liebenswürdigen Geduld und Aufmerksamkeit der Nonnen verdankt sie eine ausreichende Schulbildung, die es ihr erlaubte, mit Gleichaltrigen zusammen die Abschlußprüfung zu machen.

---

* Im Epilog wechselt Renata Yesner die Erzählperspektive, um aus der Distanz dem Erlebten einige Daten hinzuzufügen.

Rachel hatte ihren Kindern, aus welchen Gründen auch immer, ob aus Angst davor, daß der Alptraum zurückkehren könne oder davor, daß andere ihr die Schuld für die schwere Prüfung geben würden, eingebleut, niemals über die Umstände und Erlebnisse während der Kriegsjahre zu sprechen. Und Renata bewahrte ihr »Geheimnis« selbst vor ihrem Mann, dem sie erst davon erzählte, als sie schon einige Zeit verheiratet waren. Schließlich mußte sie, bereits als reife Frau, jemanden konsultieren, der es ihr ermöglichte, ihr Trauma zu überwinden.

Dennoch hat ihre verschüttete Vergangenheit sie nicht daran gehindert, ein fruchtbares und in gewissem Sinn abenteuerliches Leben zu führen. Sie heiratete, zog nach Ndola in Nordrhodesien, bekam drei Kinder und gab sogar Englischunterricht an ihrer alten Schule. Aufgrund der sich verändernden politischen Strukturen in Afrika und der Gesundheit ihres zweiten Sohnes (er wurde querschnittsgelähmt in Folge eines Verkehrsunfalls) ließ sich Renata für einige Jahre in England nieder, brach dann nochmals auf, um sich in einem neuen Land, in Australien, niederzulassen.

Ihre Kinder drängten sie immer wieder, ihre Kindheitserlebnisse aufzuschreiben, und obwohl es ihr sehr schwerfiel, war sie schließlich in der Lage, ihre Geschichte zu Papier zu bringen. Sie kam zu dem Schluß, daß der produktivste Weg, sich an die Ereignisse zu erinnern, darin bestand, sie erneut zu durchleben. Als ein Ergebnis dessen schrieb sie mit dem Blick des Kindes, ergänzt durch den gelegentlichen Kommentar der Erwachsenenstimme, der die Brutalität und mutwillige Barbarei markiert.

Daraufhin befragt, wie sie sich das Fehlen von Bitterkeit und Haß erklärt, antwortet Renata schlicht, daß sie diese Dinge damals nicht empfand und deshalb auch heute nicht empfinden kann. Sie sagt ganz einfach: »So sind die Dinge für mich geschehen.«

Nachwort
von Mona Körte

In einem baufälligen Haus in dem polnischen Ort, in den Renata
Yesner mit ihrer Mutter nach der Befreiung gebracht wird, findet sie
neben einer Puppe ein vergilbtes Photo, das eine Familie – Vater,
Mutter und zwei kleine Töchter – zeigt. Sie behandelt diese Fund-
sachen als Relikte einer verlorenen Kindheit und beginnt mit der
älteren Tochter auf dem Photo ein Gespräch. Sie redet mit ihr über
Hunger und Vertreibung und meint dabei neben der räumlichen die
Vertreibung aus der Kindheit. Aus Renata spricht die Erfahrung
derjenigen, die, um zu überleben, zum Zeitsprung in die Erwach-
senenwelt angesetzt hat, aber nirgends angelangt ist. Nach festem
Grund tastend, verspricht sie dem Mädchen auf dem Photo herauszufinden, was die Juden so Schlimmes verbrochen haben, um derar-
tig gestraft zu werden.

Stutthof war das erste Konzentrationslager, das in den besetzten Gebieten entstand; es lag 35 Kilometer östlich von Danzig an der
Weichselmündung. Auf Initiative des Gauleiters der NSDAP in
Danzig, Albert Forster, und des Höheren SS- und Polizeiführers
Richard Hildebrandt wurde das Lager am 2. September 1939 zunächst als Zivilgefangenenlager errichtet. [1]* Zu den ersten Häftlingen gehörten polnische Widerstandskämpfer sowie Beamte und
Priester aus dem Raum Danzig. Bereits am 17. September wurden
die ersten jüdischen Männer eingeliefert. Die Anzahl jüdischer
Häftlinge blieb zunächst jedoch gering; nach Ausbruch des deutsch-
sowjetischen Krieges überwog die Anzahl sowjetischer Kriegsgefan-
gener um ein Vielfaches. 1941 wurde Stutthof in »Sonderlager«
bzw. »Arbeitsumerziehungslager der SS« umbenannt und ab dem
12. Januar 1942 schließlich als Konzentrationslager geführt. Dem
war ein Besuch des Reichsführers SS, Heinrich Himmler, im No-

---

* Die Anmerkungen befinden sich auf S. 160.

vember 1941 vorausgegangen, bei welchem Pläne für den Aus- und Umbau erwogen wurden. Am 29. Oktober 1942 wurde Stutthof als Konzentrationslager I. Stufe klassifiziert.[2] Die umfangreichsten Transporte nach Stutthof fanden im Sommer und Herbst des Jahres 1944 statt, als tausende jüdischer Menschen, überwiegend Frauen aus den baltischen Ländern und aus Auschwitz, in das Lager deportiert bzw. evakuiert wurden. Im Jahre 1944 kamen nachweislich 47 109 Menschen in 26 Transporten nach Stutthof.[3]

Im Juni 1944 wurden die Gaskammern in Betrieb genommen, denen zunächst vor allem Polen und Weißrussen, gegen die ein Exekutionsbefehl des Reichssicherheitshauptamts vorlag, zum Opfer fielen. Im Juli 1944 wurden zwölf Mitglieder einer polnischen Widerstandsbewegung in den Gaskammern getötet. Ihnen folgten auf Befehl des Lagerkommandanten, SS-Sturmbannführer Paul Werner Hoppe,[4] 70 aus einem sowjetischen Kriegsgefangenenlager überstellte Invaliden. Die Tötungen nahm der SS-Unterscharführer Otto Karl Knott vor, der im Sommer 1943 in Oranienburg in einem mehrwöchigen Lehrgang zum »Desinfektor« ausgebildet worden war. Lagerkommandant Hoppe wurde angewiesen, eine größere Anzahl Juden und Jüdinnen durch Gas zu ermorden, und sollte mit den alten und arbeitsunfähigen Häftlingen beginnen. Ihnen wurde der Transport ins Krankenhaus versprochen, allerdings sprach sich der wahre Bestimmungsort bald herum. Um die Todeskandidaten wirkungsvoller zu täuschen und Zwischenfälle zu vermeiden, wurde der Personenwaggon einer Kleinbahnlinie, der die Häftlinge angeblich in ein anderes Lager zur »Stopfarbeit« bringen sollte, zur beweglichen Gaskammer umfunktioniert.[5] Vom Führer des sogenannten Judenlagers, SS-Oberscharführer Ewald Foth, ist bekannt, daß er sich bei den Selektionen vom Zustand der Beine seiner Häftlinge leiten ließ. Die entkräfteten Häftlinge mußten zu »Wettläufen« antreten, und wer zurückblieb, ging in den Tod.[6] Zwischen August und November 1944 sind vermutlich 1500 jüdische Frauen und Männer durch Giftgas ermordet worden. Fluchtversuche wurden kaum unternommen, da das Umland keine Möglichkeiten bot, Unterschlupf zu finden.

Stutthof hatte ca. 100 Außen- und Nebenlager, die über das nördliche Polen und Ostpreußen verstreut lagen. Mehr als 15 000 Juden, zumeist Frauen, wurden zwischen August und Oktober 1944 in die Arbeitslager verschleppt, um unter unaussprechlichen Bedingungen Schwerstarbeit zu leisten. [7] Durch die unmenschlichen Haftbedingungen war Stutthof im Grunde von Anfang an ein Vernichtungslager. Gearbeitet wurde in verschiedenen Werken und Waffenfabriken, z. B. für die »Deutschen Ausrüstungswerke«. Insgesamt waren im Stamm- und in den Außenlagern von Stutthof 3000 SS-Leute stationiert.

Im Januar 1945 befanden sich noch 22085 Häftlinge – zwei Drittel davon waren Frauen – in den Außenarbeitslagern von Stutthof. [8] Ende Januar 1945 wurden die Außen- und Nebenlager liquidiert, ungefähr 11600 Häftlinge sollten ins Stammlager deportiert werden. Die Todesmärsche nach Westen begannen. Die Menge zerfiel unterwegs in kleinere Gruppen, von denen manche von der Roten Armee befreit wurden. Am 4. April verließ Lagerkommandant Hoppe mit seinen engsten Mitarbeitern das Lager. Ende April zogen die deutschen Truppen ab, nicht ohne acht Baracken des sogenannten Judenlagers in Brand zu stecken. Am 1. Mai 1945 marschierte die Rote Armee in Stutthof ein und befreite wenige hundert Überlebende. Im Konzentrationslager Stutthof sind 65000 Menschen, davon 50000 jüdische Männer und Frauen, durch Arbeit, Unterernährung, Exekution und in den Gaskammern getötet worden.

Renata Yesner verbrachte drei Jahre ihrer Kindheit im Ghetto von Kaunas, bevor sie im Frühjahr 1944 ins KZ Stutthof deportiert wurde. Im darauffolgenden Sommer wurde sie in ein Außenlager von Stutthof überstellt. Den Winter 1944/45 überlebte sie in einem weiteren Arbeitslager. Diese Erlebnisse erschüttern nachhaltig ihre Lebensdaten; sie werfen ihre Schatten vor und zurück. Geburtsort und Geburtstag folgen bis heute den Daten in den 1947 zum Preis des Familienschmucks erworbenen falschen Papieren. Die Ereignisse stellen ihre Daten womöglich ein Leben lang in Frage und nötigen beinahe dazu, die Annahme einer falschen Identität als wie auch immer begründet anzusehen.

Neben den fremden Lebensdaten herrscht das ungeschriebene Gesetz von Rachel, Renatas Mutter, nie über die Erlebnisse der Kriegsjahre zu sprechen. In der Hoffnung auf Vergessen erteilt die Mutter ihr ein anderes Schicksal, indem sie eine mildere Version der

Kriegsjahre für sie entwirft: weder im Ghetto noch im KZ, sondern versteckt bei einer litauischen Familie hat sie den Krieg überlebt. Die näheren Umstände allerdings – so wird ihr eingebleut – hat sie vergessen.

Erst 1972 bricht Rachel selbst ihr ungeschriebenes Gesetz, da sie im Alter unter der Last der Erinnerungen zusammenbricht und sich einem Arzt anvertraut, der auch Renata dazu rät, sich zu erinnern. Daß Kinder schnell vergessen, war eine der zum (Über-)Lebenskonzept verdichteten Mythen ihrer Erzieher, die Renata Yesner schreibend destruiert.

Mit ihrer »Autobiographie eines Kindes«[9] gelingt Renata Yesner der von der Mutter verbotene Blick zurück. Dabei gilt dieser Blick nicht einfach den Erlebnissen in der Kindheit; Renata Yesner rekonstruiert ihre Erinnerung, indem sie sich hineinschreibt in die versehrte Welt des Kindes als des erinnerten Ich. Sie führt ihm gleichsam den Stift und erweitert den kindlichen Fokus gelegentlich um die Dimension des erinnernden Ich.

Im Schreiben nimmt Renata Yesner die Tätigkeit zurück, die ihr zunächst Stutthof überleben half: die Tarnung tiefer Gräben mit Hilfe kleiner Grasbüschel. Nichtsahnend hatte sie damals die Tarnung, die als Falle der Feinde des Deutschen Reichs gedacht war, als Geschicklichkeitsspiel verstanden. Indem sie die Modellierung der künstlichen Erdoberfläche über den Gräben beschreibt, macht sie die Tarnung rückgängig, da sie in die verschütteten Gräben sieht und rekonstruiert, was sich jenseits historischer Daten angesichts solcher Abgründe vollzieht.

Renata Yesner zeichnet die Schreckensorte aus der Perspektive des Kindes nach, kaleidoskopartig werden die Erinnerungsbilder immer neu gestreut. Die realen Ereignisse werden im Terrain der Sprache reflektiert und bedrohen die fragile Beschaffenheit kindlicher Welten.

Die leibhaftige Bedrohung in Form des sowjetischen und ihm folgend des deutschen Einmarsches in Litauen erlebt Renata als Invasion neuer Wörter, deren Bedeutungen sie zu lernen sich weigert. Diese Wörter sind die eigentlichen Aggressoren, da sie das Kind zwingen, Unvorstellbares zu benennen und das Denken von Unerhörtem forcieren. Die Ereignisse schlagen sich nieder als Krieg der

Wörter und bedeuten die Vertreibung aus dem (kindlichen) Paradies. Der unfreiwillig zu ergänzende Wortschatz wächst sich aus zum Wortungetüm.

In Folge der russischen Invasion überlagern Wörter wie Stalin, Kommunismus oder Bourgeoisie die schönen Namen und Legenden der litauischen Könige, ihre Taten und Länder. Photographien, Bilder und Lieder, die Renatas Welt und Phantasie bevölkerten, muß sie der marxistischen Helden mit den grauen Bärten und den roten Sternen wegen aufgeben. Da jedoch durch die Austauschbarkeit von Helden und Emblemen keine Zeit zu ihrer Erkundung bleibt, sind sie blaß und ohne jede Bedeutung, dienen höchstens dem Zweck gegenseitiger Beschimpfung. Gerade mühselig einstudiert, sind die Zeichen der Macht den Ereignissen schon wieder zum Opfer gefallen und müssen nach der deutschen Invasion auf dem Weg vom kommunistischen Ferienlager zurück nach Kaunas schnell wieder vergessen werden.

Die Unzuverlässigkeit der Zeichen, Embleme und Helden äußert sich als Zweifel einer Sprache gegenüber, die von kurzer Dauer ist, da sie gelernt sein will, um unmittelbar darauf wieder vergessen zu werden. Auch die Sterne entpuppen sich als schwer lesbare und verwirrende Embleme blitzartig wechselnder Mächte. Auf ihre Bedeutungen ist kein Verlaß, da sie einmal als besondere Auszeichnung, ein anderes Mal als Stigma ein eigenständiges Leben zu führen beginnen. Während der kurzen Zeit des Kommunismus sind die blinkenden roten Sterne ein heißbegehrtes Abzeichen, das erfolgreichen Kindern zur Belohnung geschenkt wird; nach dem Einmarsch der Deutschen dient der gelbe Stern der Kennzeichnung und Strafe.

Im kommunistischen Ferienlager verliert Renata im Wettbewerb um das Sammeln von Muscheln und Bernstein, da man dafür ins kalte Wasser müßte, und sie hat Angst vor dem Meer. Das Meer will sich ihrer Vorstellung nach Wiesen, Blumen, Sonne und Menschen einverleiben. Das Komsomol-Mädchen, das ihre Gruppe beaufsichtigt, versucht sie zu überreden: »Versuch es wenigstens für einen Stern«, was sich als traurige Vorwegnahme bevorstehender Ereignisse liest. Als einziges der Kinder kommt sie ohne Stern nach Hause; kurze Zeit später wird ihr ein Stern, diesmal ein gelber, an die Kleidung genäht.

Neben den präzisen Beobachtungen zur Austauschbarkeit von Symbolen zieht sie mitunter eigenwillige Rückschlüsse: Nachdem ihr niemand erklärt, was das oft erwähnte Wort »Affäre« meint, schließt sie aus einer immer wieder beobachteten Szene, einer detaillierten Abfolge von Gebärden und Gesten auf den Bedeutungszusammenhang des Wortes: Sie denkt, daß »eine-Affäre-haben« etwas damit zu tun hat, daß jemand wortlos seine Schuhe vor der Tür stehen läßt, da dies das einzige täglich sichtbare Zeichen des Liebhabers ihrer Nachbarin darstellte.

Das Bedürfnis, das Eine wissen zu wollen, kollidiert mit dem Zwang, das Andere wissen zu müssen: Renata möchte endlose Geschichten über ihren geliebten Fluß, die Memel, hören oder möchte wissen, warum Flüsse nicht austrocknen. Statt dessen muß sie lernen, was ein Kollaborateur ist und auch, daß Tote nicht nur schlafen. Begriffe wie Dachau, Gestapo und SS überlagern und löschen nun endgültig die Erinnerung an die Helden der frühen Kindheit.

Die neue Sprache zeigt sich als Angriff auf ihre Person und ihre mit Helden und Bildern versehene Welt. Die unbekannten Wörter füllt sie mit Allegorien aus der Tierwelt und löst damit die Ereignisse in vertraute Bilder auf: Der Zug der Ghettobevölkerung zur täglichen Arbeit läßt sie an Ameisen denken, die sich auf einen Ameisenhügel zubewegen; bei der Selektion der Ghettobevölkerung mitwirkende Angehörige des Judenrats erinnern sie an übereifrig sammelnde Bienen. Die Partisanen, die in den Wäldern um das Ghetto von Kaunas hausen und in den Augen der Ghettokinder die Deutschen das Fürchten lehren (der Name des Partisanenführers ist Melammed, hebräisch »Lehrer«), denkt sich Renata als Wölfe. Der Wald und die Partisanen verlieren ihren Zauber und ihre Macht, als sie erfährt, daß die Partisanen nur Menschen sind.

Der Invasion versucht sie durch mühselige Versuche zu entgehen, in den neuen Wörtern die alten Vorstellungen und Sehnsüchte zu retten. Als sie in Stutthof der SS gegenübersteht, denkt sie, diese Bezeichnung habe etwas mit der Befehlsform des Verbs »essen« zu tun. Ihre Wortassoziationen geraten zu grotesken Projektionen, da doch die SS ihr genau das verweigert, was sich für sie in deren Namen ausdrückt – Essen. Daß die Partisanen keine Wölfe sind, die SS nichts mit ihrer großen Sehnsucht Essen zu tun hat, ist für sie eine bittere Enttäuschung. Der unbarmherzig schnell anwachsende Wortschatz und die damit einhergehende Irritation markieren den Ausnahmezustand und zeigen sich als Aufstand gegen diejenigen, die Renata einweihen: die Erwachsenen. Die sprachliche Initiation erweist sich als grausamer Ritus, dem Renata sich durch Bedeutungsverschiebungen widersetzt. Es bleibt der Vorbehalt einer Sprache gegenüber, die die Erwachsenen für Situationen und Ereignisse finden, die in ihrem Konnex unheilvoll sind wie die Verknüpfung von Schwangerschaft und Selbstmord bei der geliebten Yenta. Die Begriffe sind mit imaginären Anführungsstrichen versehen, welche die Unerträglichkeit des dahinterliegenden Sinns oder ihre Vorläufigkeit bezeichnen. In der Konfrontation mit dem KZ-Leben kämpft Renata um die eigene Unversehrtheit, indem sie den Zauber und die Figuren kindlicher Märchenwelten auf die Realität überträgt. Die Erbauer von Stutthof werden zu knochenfressenden Riesen, denen das Wachpersonal mitteilen soll, wann die Häftlinge endlich reif für ein gutes Mahl sind. Den Schmerz und die Müdigkeit in den Beinen auf dem täglichen Gang zur Arbeit in den letzten Tagen vor der Befreiung vergleicht Renata mit den Qualen der Meerjungfrau, die, wo sie doch das Wasser gewöhnt ist, über Land gehen muß. Auf der Suche nach einer Schuld, die solche Behandlung rechtfertigt, fällt ihr das Mädchen aus dem Märchen ein, das nie aufgegessen hat und deshalb auf einem Brotlaib stehend zur Hölle fahren muß.

In Stutthof werden die Wörter immer weniger. Buchstäblich hört hier mit der Sprache auch das Leben auf. Renatas Leiden an der Sprache ist ein zwiespältiges: einerseits ist die Sprache untrügliches Zeichen der Integrität, andererseits bohren sich die Begriffe wie Gestapo, SS und Totenkranz in ihre Seele und richten dort Verwüstungen an.

Die topographische Beschaffenheit des Arbeitslagers erhält ihren Schrecken dadurch, daß Innen und Außen voneinander nicht zu unterscheiden sind und die Enge des Lagers so bedrohlich ist wie die Weite der Gräben. Auch Türen und Dächer sind ebenso sinnlos wie trügerisch, da sie nicht vor Kälte schützen und der Wind sie unbarmherzig mit sich fortreißt. Bei all dem nimmt sich das einfache Haus mit dem rauchenden Schornstein, das die Frauen beim

Ausheben der Gräben sehen können, wie eine Fata Morgana aus. Die mit dem unnahbaren Haus verbundenen Träume und Sehnsüchte nach Essen und Wärme bringen Renata an den Rand des Wahnsinns; und doch ist die Erlaubnis zum Betreten dieses Hauses, in dem Renata so viel ißt, daß sie fast krank wird, einer der ganz seltenen Träume, die in Erfüllung gehen.

In der Beschreibung lebt das Ghetto von Kaunas noch von der Spannung zwischen Innen und Außen: Renatas geliebter Fluß, die Memel, figuriert als Demarkationslinie, auf die zu sehen gerade noch erlaubt ist. Die Memel, ihr Flußbett und die umgebenden sanften Hügel und Täler lassen die Erinnerung an Freiheit, Farben und Kindheit zu. Selbst die geographische Beschaffenheit innerhalb des Ghettos verwahrt noch Wunder in Form einer wildwuchernden Müllhalde. Außerdem kann sich Renata noch in Sicherheit wähnen, wenn sie durch die schützende Fensterscheibe den Soldaten, die von der Ferne wie harmlose Zinnsoldaten wirken, beim Patrouillieren um das Ghetto zusieht. Die Unterscheidbarkeit von Innen und Außen behält der Sehnsucht noch Räume vor und läßt den Menschen im Ghetto ihr Zeitgefühl und ihre Hoffnungen auf ein anderes, ein besseres Leben.

In Stutthof dagegen ist der Schreckensort nach dem Prinzip einer komplexen Verschachtelung kartographiert; es herrscht ein unübersehbarer Wirrwarr von Um- und Ausgrenzungen, aus dem nur das eine klar hervorgeht: diejenigen, die näher an den Krematorien sind und mehr Vogelscheuchen als Menschen gleichen, trennt nur noch ein kleiner Schritt vom Tod. Als perfide Zuspitzung verzeichnet Renata ihren letzten Aufenthalt in der Topographie des Schreckens als einen Ort ohne elektrischen Stacheldrahtzaun, der bisher – so makaber das auch klingen mag – Surrogat und Erinnerungsspur einer Freiheit war, da er die Wahl und den Zeitpunkt des Todes offenließ. Der Widersinn wird zur wesentlichen Bestimmung und Kategorie der alltäglichen Rituale: Hindernisse, Todeszäune bergen die bisher ungeahnte Möglichkeit, sich in die Freiheit – den Tod – zu retten. Der Selbstmord erscheint als unteilbarer Rest von Autonomie, indem man, wenn schon nicht über das Leben, so doch wenigstens über den eigenen Tod entscheiden kann.

In einer verkehrten Welt, in der der Tod die Freiheit bedeutet, verändern sich auch die Erinnerungsstücke der noch Lebenden. Keiner versteht sich mehr auf die Niedlichkeiten von Erinnerungsbildern. Ein von der »Kinderaktion« zurückgebliebener blutiger Schuh wird zum Fetisch, mit ihm wird die gewaltsam zerrissene Liebe bewahrt und die Zeit der Rache beschworen.

Märchen und Gesprächsfetzen sind das Material, mit denen Renata sich den Situationen entgegenstellt. Mit ihrer Märchenwelt versucht sie, die Realität zu überlagern oder wenigstens zu neutralisieren. Die Widersacher, Kontrahenten und Mörder werden zu Riesen und Hexen und reduzieren sich damit auf eine faßbare Dimension. Daß Renata die ausgemergelten Frauen mit den häßlichen, reglosen Vogelscheuchen assoziiert, die sie einmal mit ihrem Großvater auf dem Feld gesehen hat, dient als Brücke bei der Einordnung des Gesehenen. Es ist der traurige Versuch, die Realität mit vertrauten und dennoch illusionslosen Bildern auszustatten.

Der Tod greift ein, wo die Sprache als Form der Gegenwehr ausbleibt und sich neben der Sprache auch der Körper der Häftlinge als zerstörbare Bastion erweist. Es gibt keine Bekanntschaft, die so oft erneuert wird wie die mit dem Tod, der einzig verläßlichen Größe im Arbeitslager. Nicht so sehr die Arbeit sorgt für die sichtbaren Zeichen des Verfalls und für die physische Ähnlichkeit mit den Vogelscheuchen. In den allgegenwärtigen Läusen, die sich an den Frauen bereichern, indem sie ihnen das Leben aussaugen, nimmt das sonst ungreifbare Grauen Gestalt an. Die Läuse kann man immerhin jagen und nach Kräften vom eigenen Körper vertreiben. Nicht die Aufseher und Kapos, die die Frauen zur täglichen Arbeit zwingen, sondern die Läuse sind die erbarmungslosen Gegner der Frauen. Der letzte Kampf ist der mit den Läusen um den eigenen Körper, und kraftlos überläßt man das Terrain dem Feind. Was bleibt, ist das kurzzeitige Glühen in den Augen der Frauen, das Renata als widernatürlichen Schein des Todes wahrnimmt. Es ist das Glimmen einer heruntergebrannten Fackel; wenn die Glut erlischt, sind die Frauen tot.

Renata Yesner rekonstruiert schreibend die versehrte Welt eines Kindes, das um den Preis unrettbarer Kindheit überlebt. Abrupt muß sich Renata von ihr spätestens dann verabschieden, als sie, unter dem Bett versteckt, die »Kinderaktion« im Ghetto von Kaunas überlebt. Dieses Überleben ist mit einem Zeitsprung verbunden, der sie stolz, aber auch unendlich einsam macht: Kaum ein Kind hat die »Säuberung« des Ghettos überlebt, und sie muß als Erwachsene aus ihrem Versteck hervorkommen, will sie ihr Leben durch den Beweis ihrer Arbeitstauglichkeit verlängern. Dabei ist das andauernde Stehen auf Zehenspitzen, das ordentlich toupierte Haar, aufwendig frisiert, um zumindest so groß wie die kleinste der Frauen zu sein, nur das physische Symptom heilloser Überforderung. Sie muß um den Einsatz ihrer Verspieltheit beweisen, daß sie groß und kräftig genug ist, um nicht sofort ins Gas zu müssen. Ihre quälenden Phantasien vom Gnom auf dem Grund des Brunnens, der sie mit der Vision vom Schlaraffenland hinunterzulocken versucht, sind jetzt erst recht die Todessehnsüchte eines Kindes, das der Not und Vereinsamung entgehen will.

Renata steht als das Kind unter den Frauen für die Unzulänglichkeit von Erklärungen angesichts des planvollen Tötens, in dem Kausalzusammenhänge suspendiert sind. Um zu verstehen, versucht sie eine Welt zu entwerfen, in der die Anmaßung über Leben und Tod der Häftlinge dem Gesetz der Serie unterstellt ist. Mögliche Anlässe und Schuldsituationen werden entworfen, um die Aktionen als Reaktionen und nicht als sadistische Willkür deuten zu müssen. Wie das Mädchen, das nicht aufgegessen hat und deshalb auf einem Brotlaib zur Hölle fahren muß, imaginiert Renata vergleichbare Schuldsituationen in der Zeit vor dem Krieg und baut Verständnisbrücken, um der furchtbaren Behandlung ihre Gründe zu liefern.

Renata Yesner wird sparsam mit Ort- und Zeitangaben, sobald das Grauen Gestalt annimmt. Sie folgt darin dem Wahrnehmungsgefüge eines Kindes, das nicht mit dem chronologischen Aufweis von Daten und Orten operiert. Ihr Erzählprinzip ist das der Streuung und Überlagerung von Erinnerungsbildern, die die Geschehnisse reflektieren. Stutthof wird zwar erwähnt, doch eher als Konnotation und Topographie des Grauens, das keinen historisch beweisbaren Ort braucht.

Renata Yesner hat sich in die Welt des Kindes hineingeschrieben, um von dort den Jahreszahlen ihre Physiognomie zu geben.

Anmerkungen

1 Die Geschichte des Lagers Stutthof behandeln mit einander widersprechenden Angaben: Eugen Kogon, Hermann Langbein, Adalbert Rückerl u. a. (Hg.), *Nationalsozialistische Massentötungen durch Giftgas. Eine Dokumentation*, Frankfurt/Main 1983, S. 263–266; Enzyklopädie des Holocaust, Bd. III, Berlin 1992 (unter dem Stichwort »Stutthof«); und Rita Malcher, »Das Konzentrationslager Stutthof«, in: Theresa Wobbe (Hg.), Nach Osten: verdeckte Spuren nationalsozialistischer Verbrechen, Frankfurt/Main 1992.

2 Rita Malcher, »Stutthof«, a. a. O., S. 162.

3 Ebenda, S. 164.

4 Näheres zur Geschichte der Lagerkommandanten von Stutthof siehe Hans Joachim Schneider, »Der SS-Totenkopfsturmbann Stutthof«, in: *Dachauer Hefte* 10 (1994), S. 115–141.

5 Eugen Kogon, *Massentötungen*, a. a. O., S. 263 ff.

6 Rita Malcher, »Stutthof«, a. a. O., S. 168.

7 Hans Joachim Schneider, »SS-Totenkopfsturmbann«, a. a. O., S. 132.

8 Ebenda.

9 »The Autobiography of a Child« lautete der Arbeitstitel von Renata Yesners Aufzeichnungen.